日本大学生必说的秋叶原潮人潮语

菅阳子 主编

大连理工大学出版社

图书在版编目(CIP)数据

日本大学生必说的秋叶原潮人潮语 / 菅阳子主编.
—大连:大连理工大学出版社,2011.6
ISBN 978-7-5611-6241-5

Ⅰ.①日… Ⅱ.①菅… Ⅲ.①日语—口语 Ⅳ.①H369.9

中国版本图书馆 CIP 数据核字(2011)第093269号

大连理工大学出版社出版
地址:大连市软件园路 80 号　　　　邮政编码:116023
发行:0411-84708842　　邮购:0411-84708943　　传真:0411-84701466
E-mail:dutp@dutp.cn　　　　　　URL:http://www.dutp.cn
辽宁星海彩色印刷有限公司印刷　　　大连理工大学出版社发行

幅面尺寸:168 mm×235 mm	印张:9.75	字数:174千字
附件:光盘一张		印数:1～5000
2011年6月第1版		2011年6月第1次印刷

责任编辑:滕东敏　　　　　　　　　　　　责任校对:张海宁
封面设计:董振巍

ISBN 978-7-5611-6241-5　　　　　　　　　定价:25.80 元

流行語、新語、俗語、なかでも若者が使う刺激的な若者言葉の世界…、日本語学習者にとって興味深い世界だと思います。言語規範違反、間違った使い方だと批判されやすいですが、テレビなどでトレンディードラマやアニメ、バラエティを見れば、こういった若者言葉が聞こえてきます。それに日本人留学生どうしのおしゃべりからも耳にするかもしれません。

「ガチ？ほによる？ぱねー？なんだか、おもしろそう！」

日本語の勉強を始めようと思う時、その学習の切り口はどこからでもいいと思います。おもしろそう～、知りたい～、と自分が興味を持てる部分から取り組み始めてみてはいかがですか？そのとっかかりがたとえ若者言葉であってもいいと思います。

この本も、最初から順番に読む必要はありません。自分が読んでみたいと思うところから好きなように読み進めていいのです。

この本では、若者言葉を「言葉の遊び」として、読み物として楽しめる内容を目指しました。ですので、若者言葉を会話文にぐいぐい押し込めています。気楽に「へぇー、こういうのもあるんだな。」とリラックスして楽しんでみてくださいね！

この本を手に取った人は、日本の若者言葉に少なからず関心がある日本語学習者でしょう。せっかくですから、若者言葉を知っておくとどんないいことがあるか述べておきましょう。

1. 若者言葉を使うと、日本の若者と仲良くしやすくなります。これは中国の若い日本語学習者にとって重要なポイントでしょう。相手の言葉遣い、相手のリズムに合った言葉遣いを積極的に使うと、仲間意識が増して心を開いたおしゃべりがしやすくなります！

2. その若者言葉（わかものことば）の成り立ち（なりたち）や、なぜそのように使う（つか）のか等（など）、言葉（ことば）の背景（はいけい）に興味（きょうみ）を持って（もって）考える（かんがえる）ようになります。そのことで、日本（にほん）の若者達（わかものたち）の社会感（しゃかいかん）、生活観（せいかつかん）、考え方（かんがえかた）の理解補助（りかいほじょ）にもなります！

3. 言葉（ことば）の響き（ひびき）に敏感（びんかん）になるかも。たとえば、ご飯（ごはん）を食べる（たべる）のにすっかり慣れて（なれて）いて、ハンバーガーの生活（せいかつ）をし、その後（ご）ご飯（はん）を食べる（たべる）とします。食べ慣れた（たべなれた）ご飯（はん）の香り（かおり）や味（あじ）が身（み）に沁みて（しみて）分かります（わかります）。刺激的（しげきてき）で簡略的（かんりゃくてき）な若者言葉（わかものことば）でおしゃべりした後（あと）、美しい（うつくしい）言葉（ことば）で優雅な（ゆうがな）おしゃべりをしたとします。今（いま）まで意識（いしき）していなかった日本語独特（にほんごどくとく）の優雅で（ゆうがで）美しい（うつくしい）旋律（せんりつ）、深い（ふかい）重み（おもみ）のある響き（ひびき）、繊細さ（せんさいさ）に気づく（きづく）ことがありますよ！

〇中国語翻訳（ちゅうごくごほんやく）：王琦

〇イラスト：暁月（卢婉静）

〇会話音声（かいわおんせい）：夏田麻里（なつだまり）（美奈（みな））、谷本好香先生（たにもとよしかせんせい）（結衣（ゆい））、藤澤壮年（ふじさわたかとし）（蒼（あおい））、宮城直樹（みやぎなおき）（翔太（しょうた））

忍耐強く（にんたいづよく）翻訳（ほんやく）してくれたYM中国人学生（ちゅうごくじんがくせい）、元気（げんき）に録音（ろくおん）してくれた二人（ふたり）のCC日本語（にほんご）教師（きょうし）、二人（ふたり）のCK日本人留学生（にほんじんりゅうがくせい）、SSになるイラストを描いて（かいて）くれた中国人学生（ちゅうごくじんがくせい）に感謝（かんしゃ）の意（い）を表します（あらわします）。ありがとうございました。しぇしぇ。（YM＝やる気（き）まんまん、CC＝超（ちょう）かわいい、CK＝超（ちょう）かっこいい　SS＝スマイルスマイル）

菅陽子（すがようこ）

2011年6月

这里是流行语、新词、俗语、年轻人使用的新潮语言的世界……我想这是一个对于日语学习者来说兴趣十足的世界。（这样的语言）很容易招来其违反语言规则、用法不当等批判之声，但如果你在电视中收看偶像剧、动漫、综艺节目的话，就能听到这种年轻人用语。另外，也许在与日本留学生交流时也会听到这种语言。

"ガチ（真的）？ぼにょる（胖嘟嘟）？ぱねー（不放弃）？（这些语言）真有趣。"

我想刚要学习日语时，从哪里开始学起都无所谓。那么，就从你认为"很有趣""希望了解"这样的自己感兴趣的内容开始如何？其契机即便是年轻人用语又何妨？

本书不必按顺序阅读。可以根据自己的喜好来阅读自己喜欢的内容。

本书内容旨在将年轻人用语作为一种"轻松学习的语言"编辑成书出版。本着这个原则，将年轻人用语贯穿于会话之中。请抱着"哈啊？还有这种语言啊"的心态轻松愉快地阅读吧。

我想拿到本书的人应该是对日本年轻人用语很感兴趣的日语学习者吧。机会难得，在此向各位讲述一下学习年轻人用语的好处吧。

1.使用年轻人用语，容易和日本年轻人成为好朋友。这是对中国年轻的日语学习者来说非常重要的一点。如果可以使用对方的措辞、使用适应对方节奏的措辞，就会增强朋友意识，就会很容易与对方敞开心扉地交流。

2.对年轻人用语的构成和为什么会如此使用等语言背景产生兴趣。因而有助于理解日本年轻人对于社会的态度、对于生活的态度以及他们的思维方式。

3.对日语的语言魅力产生兴趣。例如：吃米饭已成为习惯，过几天吃汉堡的日子，再去吃米饭切身体会到那吃惯了的米饭的美味；说完新潮简略的年轻人用语后，再使用优美的语言进行优雅的谈话，就能发现从未意识到的日语独特的优美的韵律、语言的细腻及语言的厚重感。

本书的其他工作人员如下：

○ 中文翻译：王琦

○ 插图：晓月（卢婉静）

○ 会话录音：夏田麻里（美奈）、谷本好香（结衣）、藤泽壮年（小苍）、
　　　　　　宫城直树（翔太）

感谢辛苦完成翻译工作的YM中国学生、感谢充满活力地录音的两位CC日语教师、感谢两位CK的日本留学生、感谢画出一幅幅SS插图的中国学生。谢谢。（YM=やる気まんまん　干劲十足；CC=超かわいい　超级可爱；CK=超かっこいい　超帅；SS=スマイルスマイル　微笑）

菅阳子

2011年6月

目录

5

目录

附　录

人物关系谱

美奈

傲慢公主

热情、开朗、时尚、端庄
座右铭：穿别人的鞋、走自己的路，
让别人找鞋去吧。

男女朋友

好朋友

翔太

花心大少

风趣、幽默
座右铭：爱是费尽心力地全身投入，然
后再百转千回地抽身而出！

结衣

麻辣美眉

乐天、直率、真诚

座右铭：变老并不等于成熟，真
正的成熟在于看透。

同班同学
好朋友

打工时认识的朋友

美咲

邻家女孩

单纯、可爱、善良

座右铭：平凡的脚步也可以
走出伟大的历程。

小苍

电玩男

天然呆

生活嘛，就是生下来，然后活下去。

あのイケメン、あたしのクラスメートだよ！

那位帅哥是我同学！

①

ねえねえ、あのイケメンさぁー、あたしらとオナコウの子じゃない？

（場面：新入生どうし、新しいクラスでの顔合わせる）

（场景：新生入学，在新班级见面）

結衣：あたしら、オナクラじゃん。よかったねぇ。

結衣：我们是同班同学啊，太好了。

美奈：ほんと、超ラッキー。ねえねえ、あのイケメンさぁー、あたしらとオナコウの子じゃない？

美奈：是啊，真幸运。喂，喂，那个帅哥，不是和我们同一所高中的嘛。

結衣：あー、そうそう、男クラの子よね。高校のときとマジ印象違うじゃん？もさかったのにねぇー、気合バリバリ、大学デビューって感じ。

結衣：啊！是啊是啊，是男生班的吧。和高中时大不一样了呀。那时候并不时尚啊，现在转型够快的，大学华丽转身嘛！

美奈：後で一緒に卒アル見てみよっか。ねぇ、帰りにスタバでどう？

美奈：一会儿一起看一下毕业照。喂，回去时去星巴克坐坐怎么样？

結衣：悪いけどさぁー、あたし、午後自主休講。今朝、駅ダッシュしちゃって、もうバテバテなのよ。

結衣：不好意思哦，我下午不去上课了。今天早上，到车站差点儿没赶上电车。累得不行了。

美奈：えー？初日からもうばっくれるわけ？まあ、宅通ってめどいよねぇ。あたしは寮に入ったから

美奈：啊？第一天就开始随意旷课啊。唉，走读也真是麻烦啊。我住校真是自在呦。

2

楽だけどさぁ。

結衣：うーん、いいこともあるけど
ね。家ゴチだし。

美奈：それいいよねー。あっ、新入生
全員で記念写真撮るみたいよ。
ミラーチェック、ミラーチェッ
ク。ケショんなきゃ。うわっ、
やっばー、ツケマ取れてるじゃ
ん。ごめんけど、ドロンする
わ。あとはうまくやっといて。
バイバーイ。

結衣：へ？もうバイバイなの？ありえ
なーい。イミプー。

結衣：没有啦，也有好的一面啊。能在
家里吃饭。

美奈：那倒是不错啊。啊，好像新生要
一起拍纪念写真。照照镜子，照
照镜子。还要化化妆。哇……惨
了！假睫毛掉了。不好意思，我
要闪人啦。一会儿好好照哦。拜
拜。

结衣：啊？这就拜拜了啊？真是不可思
议！搞不懂！

潮爆地带
劲爆秀出流行口语

オナクラ 同じクラスの人。 同班同学。

イケメン 顔、スタイル、雰囲気、服装など全体的に見た目が整って
いる（＝イケてる）＋「メンズ」（＝男の子）の略。
表示相貌、气质、着装等整体看起来很协调的「イケてる」
＋「メンズ」的简称。意为"帅气的男子"。

結衣：美奈の彼氏、イケメンはイケメンだけど、性格はちょっとねぇ…。

美奈的男朋友，帅倒是蛮帅的，只是性格有点……

美奈：あーら、結衣の彼氏は性格はいいけど、痛男よね…。

啊，你男朋友性格倒是好，不过长的真是见不得人。

痛男：見ていられないほど外見が痛々しい男の子。

外表丑到见不得人的男生。

オナコウ

同じ高校の人。

同一所高中的同学。

举一反三

「オナ」は「同じ」の省略形。オナ＋（ショー、チュー、コウ）は同じ小学校、中学校、高校という意味で使う。

「オナ」为「同じ」的省略形式。オナ＋（ショー、チュー、コウ）即同一所小学、同一所初中、同一所高中的意思。

美奈：今朝、オナチューの子、たまたま見かけたんだ。なんか懐かしかったー。

今天早上，见到同一所中学的同学，好久没见了。真是怀念啊。

結衣：ふうん。で、声かけたの？

哦。打招呼了？

美奈：いやあ、その子から借りパクのCDがあったの思い出しちゃってさぁ…。

没有，我想起我向她借的CD还一直没有还呢……

結衣：ダメじゃーん！

不好吧……

借りパク：人から物を借りて返さず、そのまま自分のものにしてしまうこと。

向别人借了东西，一直没有还，当作自己的东西使用着。

男クラ
男子だけのクラス。逆に、女子だけのクラスを「女クラ」という。

只有男生的班级。相反，只有女生的班级叫做「女クラ」。

マジ
本当。まじめ。

相当于「本当」「まじめ」。意为"真的""确实"。

もさい
見た目の雰囲気から、ださくて格好悪い人。今風ではない人。

外表邋遢、不时尚的人。

バリバリ
物事を勢いよく行うさま。精力的に取り組むさま。

做事干练。精力旺盛。

大学デビュー

高校時代にぱっとしなかった人物が、大学入学後に過去の自分を知っている人物が周囲に居なくなったために今までの自分にもたれていたイメージを払拭しようと、派手なファッションをしたり目立つことをした場合に使う。同様の例として、「高校デビュー」「社会人デビュー」という言葉もある。また、地方出身者が渋谷に出かけることを「渋谷デビュー」ということもある。

高中时并不起眼的人，到了大学后，身边没有了解自己过去的人，所以为了消除自己以往给大家留下的印象，打扮得时尚而引人注目。类似的词汇还有「高校デビュー」「社会人デビュー」。另外，还把从小地方来到涩谷的人称为「渋谷デビュー」。

卒アル

卒業アルバムのこと。

毕业相册。

スタバ

「スターバックスコーヒー」の略。

「スターバックスコーヒー」的简称。意为"星巴克咖啡厅"。

自主休講

学生が自分の都合で勝手に講義を休むこと。

学生根据自己的情况擅自旷课。

駅ダッシュ

電車の発車時刻ギリギリになった時、ホームまで走って駆け込み乗車すること。

电车马上就要发车时才跑到站台乘车。

バテバテ

すっかりばてていること。

筋疲力尽。

ばっくれる

授業などをさぼったり、途中で帰ること。（＝フケる、エスケープする）

旷课，中途回家。相同的词汇还有：フケる、エスケープする。

翔太：ねえねえ、今日の授業、フケるから代返頼むわ。

喂喂，今天的课我不上了，替我喊声到。

蒼 ：またばっくれるのかい。あいかわらずサボリ魔だなあ。

又要逃课吗？真是个逃课王啊。

代返：出欠確認をする授業で、履修している学生ではなくて他の学生が代わりに返事（もしくは出席票に記入）をすること。（注意：これは不正行為。）

在点名确认出勤的课堂上，不是由修这门课程的学生而是由没修这门课程的其他学生代替回答点名。（或者在签到本上签名）。（注意：这是不正当的行为。）

サボリ魔：いつもさぼる人。

总逃课的人。

宅通

自宅から通学すること。

从自己家去上学的人，走读生。

めどい

面倒くさい。

麻烦。

家ゴチ

家のごちそう、家で出るご飯の略。

在自己家吃饭。

美奈：ねえー、ファミレス寄ってご飯してかない？

喂，去餐厅吃饭吧?

結衣：ごめーん、金曜の夜は家ゴチって決まってるんだ。また今度ね。

不好意思，星期五的晚上我家规定要在家里吃饭的。下次吧。

ファミレス：「ファミリーレストラン」の略。

「ファミリーレストラン」的简称。意为"家庭餐厅"。

ケショる

化粧をすること。

化妆。

ツケマ

ツケ睫毛のこと。

假睫毛。

ドロン

さっとまるで消えるように帰ること。

一溜烟地回家了。

蒼　：これが終わったら皆で片づけだからな。ちゃんと残ってやれよ。

这项工作结束后大家要一起打扫一下，所以请大家都留下来哦。

翔太：すっ、すまん。これから美奈とデートなんだよ。ドロンさせてくれ！

对，对不起。一会儿和美奈有约会的。请让我闪人吧!

ありえなーい

考えられない。想像もつかない。この言葉は、最悪なことが起きたとき、人が考えもよらないようなことをしたときに使う。地方によっては「ありえん」と使う人もいる。

不能考虑。无法想象。这个表达用于当最坏的事情发生时，人们连想法都没有的时候。有的地区也使用「ありえん」这一词汇。

翔太：やべぇ、俺、財布忘れちゃったよ。マジありえねー！

不好了，我把钱包忘带了。真是不可思议!

翔太：麻衣さんが彼氏をボコボコに殴ったらしいよ。

麻衣好像把她男朋友痛打了一顿。

蒼　：えーっ、あのおとなしい麻衣が？ありえーん！

啊? 就是那个很老实的麻衣吗? 真不可思议!

イミプー

意味が分からないこと。「イミ」は意味、「プー」は分からないことを音で表現したもの。

不明白什么意思。「イミ」意为"意思"。「プー」是用声音表现"不明白"。

蒼　：明日から試験だぜ。勉強しないとやばくね？

明天开始有考试哦。不学习可要惨了啊。

翔太：おおっ、そうだ。明日から期末だなっ。じゃあ、今日から早く寝よーぜっ！

哦，是啊。明天就要期末了啊。那么，从今天开始早点睡吧!

蒼　：なんじゃそりゃ。お前の言うこと、マジ、イミプーだよなぁ。

什么嘛! 真是不明白你在说什么!

愛を追求する道は
まだまだなが〜い！

追求爱情的路还很漫长！

ねえ、
ちょっとー、
チャラ男、
メタ男じゃん〜

そうねぇ。
マジで圏外

ジャイ子に
ダテ子もいる
じゃん〜

青春私语

（場面：男の子たちが合コン会場で女の子たちを待っている）

（场景：男生们在联谊会场等女生）

蒼　：どんな子が来るかなあ。そわそわするぜ。

小苍：会来什么样的女生啊？坐不住了，好期待啊。

翔太：お前、彼女いない歴20年だもんな。かわいそうなシーラカンス。

翔太：你这家伙，20年没女朋友了吧？真是个可怜的零恋爱人士啊。

蒼　：ばか言うな、わざとそうしてるんだぜ。

小苍：别胡说，我是特意没有找。

翔太：よく言うよな。俺、今日は超キュートな姫系狙いにするからな。

翔太：别说得那么好听。我今天要瞄一个超可爱的小公主。

蒼　：へー、以前はプーさん狙いって言ってたくせに。あのししゃも足がたまらないって言ってたの誰だよ〜。

小苍：哈？以前明明说瞄的是肉肉的女生啊，是谁说的那种肌肉腿没意思的啊？

翔太：へっ、その時はその時。今はそんなのにぜんぜん萌えないね。まあ、俺様に太陽光送られて落ちない女はいないし。

翔太：此一时彼一时嘛。现在那样的一点儿都不萌吧！再说了，没有一个女生不会拜倒在我的电眼之下。

蒼　：やめとけ、やめとけ。お前のちらがん見はきしょいだけだよ。おっ、女の子たち、来たぞ、来

小苍：行了，行了。你的放电只会让人感觉恶心。哇哦，女生们来啦，来啦。

たぞ。

翔太：うわっ。ジャイ子にダテ子もいるじゃん。この合コン、設定したの誰なんだよ。

蒼　：まあまあ。あのピンクい子さ、なんとなくお前の理女じゃない？ちょっとバンビってるけどさ。

翔太：そうかぁ？ちょっとメルすぎねぇーか？まっ、話してみないと分かんねぇけど。

翔太：啊？健壮女、眼镜妹都来了！这联谊，是谁策划的啊？

小苍：算了，算了。那个粉红女生不是你理想中的女生吗？只是走路有点儿晃啊。

翔太：是啊。有点儿过于梦幻了啊。总之，先聊聊再说吧。

（場面：女の子たちが会場に到着した。会場入り口で合コン相手を遠目で見ておしゃべりしている）

（场景：女生们到场了。在会场门口远远地看着联谊的对方，谈论着）

結衣：ねえ、ちょっとー、チャラ男、メタ男じゃん。今日、外れかもよ。このタイいなーい！

美奈：そうねぇ。マジで圏外。

結衣：ほんと、恋風ぜんぜんよ。

美奈：あーしょんどい！いちキュンに縁がないのかなぁ。

結衣：あーあ、また今年もクリフォーだわ。やんなっちゃう。

美奈：何言ってんの。まだまだハンティングは続くわよ。

結衣：喂，你看啊，轻浮男、肥胖男。今天也许要失望啊。没有我喜欢的类型！

美奈：是啊，真是不靠谱啊。

結衣：是啊，没有一点儿恋爱的感觉。

美奈：啊，太费劲了，没有一见钟情的缘分啊。

結衣：啊！看来今年还要四人过圣诞咯。

美奈：说什么呢。追求爱情的路还长着呢。

結衣：あんたって、マゾ肉食系ね。 結衣：你啊，真是肉食系最高级啦。我
あたしそこまでついてけんわぁ。 没有那境界啦。

シーラカンス

人生において、一度も男女交際をしたことがない人。

一生中一次恋爱经历都没有的人。

姫

①ピンクや白の柔らかい色づかい、レースなどをつけたかわいらしい格好。

以粉色或白色等柔和的颜色及蕾丝等装扮得很可爱的人。

美奈：わたしの彼氏ねぇ、姫系のミニスカートが好きだって～。

我男朋友哦，说是喜欢公主系的迷你裙。

結衣：うん。中身じゃなくてスカートが好きってことでしょ？

是吗？意思是不喜欢人，而是喜欢裙子咯？

美奈：ひっどーっ！

真过分！

② （言葉の前につけて）お姫様のようにかわいいさまを表す。例：姫電＝ピンクや白のビーズなどでデコレーションした携帯電話のこと。

表示像公主一样可爱的人。例：姫電：以粉色或白色串珠等装饰的手机。

プーさん

太っていてかわいらしい感じの雰囲気を放っている人。

胖嘟嘟的可爱的人。

ししゃも足

スポーツなどで鍛えられ、ししゃものように膨らんだふくらはぎの足。

通过体育锻炼等，腿肚子像柳叶鱼一样鼓胀起来。

太陽光

好きな人、好みのタイプの人に対して送る熱い視線。

对喜欢的人、喜欢的类型的人"放电"。

ちらがん見

好きな人や気になる人のことをチラチラ見ているように見せかけて、実はずっと見続けること。

对喜欢的人或中意的人假装看不清，眯着眼看。但其实是一直在盯着看。

きしょい

「気色悪い」の略で、見た目に気色悪い場合に使われることが多い。

「気色悪い」的简称，意为"恶心"。多用于看着恶心的场合。

翔太：プリンに醤油、やってみない？ウニ味になるってさ。

布丁上面浇点酱油怎么样？会有一种海胆酱的味道哦。

蒼　：えっ、マジで？きっしょー！

啊？不会吧！真恶心。

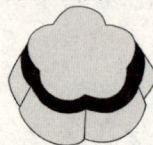

ジャイ子

筋肉のつきがよく、ごつい体型の女の子。

肌肉发达、身材魁梧的女子。

ダテ子

ダテ眼鏡をかけている女の子。

戴装饰眼镜的女生。

ピンクい

女の子から、「恋したい」「恋しています」という雰囲気が漂っているさま。

女生由内散发着"想恋爱""正在恋爱"的气息。

理女

「理想の女性」の略。（⇔気女：気持ち悪い女性の略）

「理想の女性」的简称。意为"理想中的女生"。另外，「気女」为「気持ち悪い女性」的简称。意为"令人讨厌的女生"。

バンビ

ヒールが八の字に曲がり、不安定な状態で歩いている女性。また様子。

鞋跟扭成了八字形，走路不稳的女生。或指其样子。

メルい

メルヘンチックなさま。

童话人物。

チャラ男

チャラチャラして、カッコつけてる男（おとこ）の人（ひと）。

浅薄轻浮的、长相帅气的男子。

メタ男

メタボリックシンドロームのような男（おとこ）の人（ひと）。

像患有肥胖症的男人。

このタイ

好（この）みの異性（いせい）のタイプ。

中意的异性的类型。

圏外

恋愛対象外（れんあいたいしょうがい）であること。

恋爱对象以外。

恋風

心（こころ）の中（なか）で「恋（こい）がやって来（き）ますよ」と吹（ふ）いているような風（かぜ）。また、それにともなう落（お）ち着（つ）かないふわふわうわついた気（き）持（も）ち。

心中刮起"恋爱马上就要来了"之风。而且随之产生一种不安定的轻飘飘的感觉。

しょんどい

① 「正直（しょうじき）しんどい」の略（りゃく）。
② 「正直（しょうじき）めんどくさい」の略（りゃく）。

① 「正直しんどい」的简称。（源于为日本明星堂本刚的一档综艺节目名。意为"真费事儿"。）
② 「正直めんどくさい」的简称。意为"真麻烦"。

（女性が男性に対してする）一目ぼれのこと。（＝瞬ぼれ、秒殺）

（女性对男性）一见钟情。相当于中文的"秒杀"。

美奈：この間ねぇ、セブンの店員にいちキュンしちゃったぁ。イケメンで声も優しくて…うふふ。

前段时间，我对711连锁店的店员一见钟情了啊。人长得帅，声音还很温柔……嘻嘻。

結衣：瞬ぼれって勘違いがほとんどだからねぇ。まあ、やめといたほうがいいよぉ。

所谓秒杀基本上都是判断失误。还是不要惦记为好哦。

美奈：もうっ、人の夢、すぐ壊すんだからぁ。

讨厌，这么快就搅了我的美梦。

セブン＝「セブンイレブン」の略。

「セブンイレブン」的简称，日本一家便利店公司名。

クリスマスを同性4人で過ごすこと。

4名同性一起过圣诞节。

18

ハンティング

かっこいい、かわいい異性を探してさまざまなアプローチ
を試みること。

尝试各种方法寻找长得帅又可爱的异性。

マゾ

最高に。 最高级别的。

肉食系

恋愛に積極的で果敢に攻めていくタイプ。

恋爱积极主动的类型。

カネモの彼氏、早く見つけなきゃ！
赶快找个有钱男友吧！

あれ、これって
もしかして
ラブアドじゃん？

えへへぇ。
付き合い始め
たばかりなん
だけどね

（場面：バイトの新人どうしが休憩時間におしゃべりしている）

（场景：打工中的两位新人休息时正在闲聊）

美咲：ちわー。ねぇ、1年生？あたし、4月に入ったばかりなんだぁ。

美咲：你好。你是一年级学生？我是4月份刚入学的。

結衣：あっ、どうもぉー。あたしも1年です。昨日入ったばかりで。

結衣：啊，你好。我也是一年级。昨天刚来的。

美咲：へえ、そっかぁ。じゃあ、これからバイ友ね。仲良くしよっ！

美咲：是吗？那么，我们今后就是一起打工的朋友啦。好好相处吧!

結衣：うん、よろしくね！とりま、メアド交換しよっ。空メ、携帯に送ってみて。

結衣：嗯！多关照咯。赶快交换一下邮箱地址吧。啊，空信，发到我手机上来。

美咲：OK、OK。今、送ったよ。ほら、そっちの携帯ブルってるよ。

美咲：好的，好的，已经发了。你手机在震动呢。

結衣：うん、来た、来た。じゃあ、あたしからも返すね。あれ、これってもしかしてラブアドじゃん？

結衣：嗯，来了来了。那我也发给你。嗯？莫非邮箱地址的名字是你男朋友？

美咲：えへへぇ。付き合い始めたばかりなんだけどね。

美咲：嘿嘿，刚刚交往呢。

結衣：わあ、いいなあ。あたし、バイトで忙しくってさぁ。このバイ

結衣：哇，不错嘛。我是忙着打工呢。这份工结束后，赶紧去做一份家

ト終わったら、ちょっぱやでカ
テキョでしょ、その後、まだ深
夜の皿洗いバイトだよ～！

教的工作，然后是一份洗碗洗到
半夜的工作。

美咲：うわっ、マジそうだね。手、ガ
ビガビじゃん。

美咲：哇。好像真是哦。手的皮肤都这
么粗糙了。

結衣：ずっと立ちっぱなのは平気なん
だけどさぁ。この手見るとマジ
へこむんだよね。

結衣：一直站着倒也无所谓了。可是，
一看到这双手真是让人郁闷啊。

美咲：そんなんじゃだめだよー。カネ
モの彼氏、早く捕まえなよ。ゴ
チしてくれるよ～。

美咲：那可不行啊。赶快找个有钱的男
朋友吧。到时候请我吃饭哦。

結衣：捕まえたいけどね。時間なくっ
てさぁ。チャカレどまりなんだ
よね。

結衣：我也想找啊，可是没时间啊。只
是做个网友呢。

美咲：うーん、明日出て来る先輩さぁ、
ガチかっこいいんだよ。チョク
ったら？

美咲：明天来的前辈可是个大帅哥哦，
表白试试看？

結衣：えーっ？そんなのってイタ告だ
と思われちゃうじゃん。それに
あたし、カレ専だもん。

結衣：啊？那会被人认为是恶作剧啦。
再说，我喜欢年龄大一些的。

美咲：あ～、気持ち分かる、分かる。
年配の人ってお金持ってるも
ん。じゃあさぁ、ここの係長と
かどう？

美咲：啊，你的心情我懂的。年龄大的
就是有钱人嘛。那么，这里的股
长如何？

結衣：係長？どこどこ？

結衣：股长？在哪里，在哪里？

美咲：ほら、あそこでちゃごんでるの
が係長(かかりちょう)よ。ちょっとゲーハーな
んだけどヤサ男(おけい)系だよ。

結衣：ごめん、ザビってるのはちょっ
と…。イケピカ、惜(お)しいねっ！

美咲：看，在那儿品茶的就是啊。稍微
有点谢顶，不过看起来是个超温
柔的男人呢。

結衣：不好意思，头发少的话（不太能
接受呢）……长得帅不过头发那
么少真是可惜啊。

潮爆地带

劲爆秀出流行口语

ちわー

「こんにちは」の略(りゃく)。

「こんにちは」的简称。意为"你好"。

バイ友

バイト先(さき)で知(し)り合(あ)った友(とも)だち。

打工之处认识的朋友。

とりま

「とりあえず」＋「まあ」。

「とりあえず」＋「まあ」。意为"先……"。

メアド

「メールアドレス」の略(りゃく)。他(ほか)の略称(りゃくしょう)として「メルアド」も
ある。

「メールアドレス」的简称。意为"邮箱地址"。另外一种
简称是「メルアド」。

空メ

本文に何も書かないでメールを送信すること。

没写内容就发送的邮件。意为“空信”。

ブルってる

携帯のバイブがブルブルなっていること。

手机来电时的震动。

ラブアド

メールのアドレスに自分のつきあっている彼氏（または彼女）の名前を入れること。

在邮箱地址中输入自己正在交往的男友（或女友）的名字。

ちょっぱや

「超速い」を略し、更に崩したもので、「早急に」という意味で使う。

「超速い」缩略后接「早急に」，表示“更急”。

カテキョ

「家庭教師」の略。

「家庭教師」的简称。意为“家教”。

ガビガビ

皮膚の表面が水気が抜けて滑らかでなくなっているさま。

皮肤表面已没有水分，不光滑。

立ちっぱ

長時間立ったままでいること。

长时间站立。

へこむ

気分が落ち込むこと。元気がなくなること。

情绪低落，不精神。

美咲：昨日さぁ、時計落としちゃってさぁ。しか
も、アツアツの鍋ん中。マジへこんだわ。

昨天手表掉啦，而且是掉进了滚烫的火锅中，
真是让人郁闷。

結衣：なにそれっ。チョベリバじゃん！

什么？真是够倒霉的！

チョベリバ：「超＋very bad」の略で、「最悪」「最低」という意味で使う。

「超＋very bad」的简称，相当于日语中的「最悪」「最低」。

意为"最差劲""倒霉透了"。

カネモ

「金持ち」の略。

「金持ち」的简称。意为"有钱人"。

ゴチ

「ごちそう」の略。

「ごちそう」的简称。意为"请客"。

チャカレ

「チャットの彼氏」の略で、インターネットにあるチャット上の恋人を意味する。（チャカノ＝「チャットの彼女」）。チャット以外でもメールやメッセンジャー、電話までのバーチャル内の恋人も指す。実際に会うようになって仲が進展していくとリアカレ、リアカノと呼ぶ傾向にある。

「チャットの彼氏」的简称。表示在网络聊天中相识的恋人。（チャカノ＝「チャットの彼女」）。除聊天外还发邮

件、发短信、打电话等虚拟的恋人。实际见面发展关系后将
对方称之为「リアカレ」「リアカノ」。意为"男朋友"
"女朋友"。

結衣：チャカレとうまくいってる？

和网友进展得顺利吗？

美咲：うん。この間さ、写メールしてもらったら、
めっちゃかっこよくってぇ。もうささっちゃっ
てぇ、すぐ会おうよって言っちゃった。

嗯，最近啊，收到手机邮件发来的照片了，超
帅哦。已经催过了，他说马上就见面吧！

結衣：えぇ？それですぐ会ったの？

嗯？那当时就见了吗？

美咲：もちよ。リアカノにしてもらっちゃった！

当然，把我当做女朋友了呢。

ガチ

①本気で。真剣に。程度の甚だしいさまも表す。
②（言葉の前につけて）偽りのない、本当のという意味を
表す。

①认真的。表示程度很严重。
②（作为接头词）表示不假、确实如此。

結衣：美奈ってさぁ、ガチかわいくない？

美奈不可爱吗？

美咲：結衣のほうがマジかわいいってば。

结衣你才真的可爱呢。

結衣：やっぱ、そうよねぇ。目のいいガチ友でよかっ
た！

嗯！当然啦。有眼光这么好的朋友真好啊。

26

チョクる
会ってすぐに告白する。

一见面就表白。

イタ告
「イタズラ告白」の略。好きでもない人に告白すること。

「イタズラ告白」的简称。表示向不喜欢的人表白。

カレ専
「枯れた人専科」の略。（高齢の人や自分よりもかなり年上の）枯れた人を好むこと。

「枯れた人専科」的简称。喜欢年龄比自己大（高龄人士或比自己年龄大很多）的人。

ちゃごむ
お茶を飲んで和む。　喝茶使人平静。

ゲーハー
はげている人のことをいう。　指谢顶的人。

ヤサ男
優しすぎる男の人。　过于温柔的男人。

ザビる
髪が薄い人のこと。カトリック教会の司教・宣教師であるフランシスコ・ザビエルの「ザビ」に動詞化する接尾語「る」を付けたもの。

头发少的人。耶稣教传教士フランシスコ・ザビエル「ザビ」（弗朗西斯・泽维尔）后接动词词尾「る」。

イケピカ
顔はかっこいいのに頭がはげている人。

长得帅却没头发的人。

今日からダイエットするよぉ！

从今天起，我要减肥啦！

そこの
ネカフェね、バリ
うまのデカ盛りパ
フェもあるんだ
よぉ〜

え？ダイエッタ
ーはどこに行っ
ちゃった？

（場面：外をぶらぶら中）

（场景：在外面散步）

結衣：そろそろお昼だよね。どこでランチする？

结衣：马上要中午了。在哪儿吃午饭呢？

美奈：ニッコーホテルのホテイチ、ランチバイキングしてるんだって。行ってみない？

美奈：日航宾馆的西餐厅，有午间自助餐哦，去尝尝？

結衣：んー、ごめん。昨日さぁ、居酒屋で盛り食いしちゃったんだよね。また2キロもぽにょっちゃった。今日からダイエッター。

结衣：嗯……不好意思。昨天，在小酒馆吃太多了。又胖了两公斤。今天开始我要减肥了。

美奈：えーっ、わたし、すっかりたべほう行きたいモードだったのにぃー。朝抜いたからおなペコなんだもん。

美奈：哦？我可是想去大吃一顿的。早上开始就饿了。

結衣：ほらぁ、見てよ。わたしの顔、パンパンマンじゃない？食べすぎでむくんじゃってんのよ。ひさーん。

结衣：你看啊，我的脸都成面包超人了。糟了。

美奈：はいはい、分かった、分かった。じゃあ、そこのネカフェは

美奈：知道了，知道了。那去那边可以上网的咖啡厅如何？午餐可以叫

29

どう？ランチは軽くデリバればいいし。

結衣：うん、行く行くーっ！そこのネカフェね、バリうまのデカ盛りパフェもあるんだよぉ～。

美奈：え？ダイエッターはどこに行っちゃった？

个外卖。

結衣：嗯，好啊好啊！那里能上网的咖啡厅有超好吃的大份冰激凌哦。

美奈：嗯？减肥跑哪儿去了？

ホテイチ
高級ホテル1階のレストランやフードショップのこと。
高级宾馆一楼西餐厅和食品店。

盛り食い
とてもたくさん食べること。（＝ゴリ食い）
吃了很多。相当于「ゴリ食い」。

ぽによる
太ることや体重増加を意味する。厚みがあって柔らかい感じを表現する擬態（音）語「ポニョポニョ」に動詞化する接尾語「る」を付けたもの。言葉の響きが柔らかく親しみを込めて用いられることが多い。
指肥胖和体重增加。在表示厚厚的、松软的感觉的拟态词「ポニョポニョ」后接动词词尾「る」。发音时要轻柔，有亲和力。

ダイエッター

ダイエットをする人、様々なダイエットグッズに手を出す人。ダイエットに英語で人化する接尾語「-er」をつけたもので、文字通りダイエットをする人のことを指す。ダイエットを始めたばかりの人を含め、ダイエットをしているあらゆる人を対象に使う。

减肥的人，利用各种方法减肥的人。「ダイエット」后接英语中表示人称的词尾"-er"，如字面意思，指减肥的人。包括刚刚开始减肥的人以及正在减肥的人。

たべほう

「食べ放題」の略。（のみほう＝飲み放題）

「食べ放題」的简称。意为"随便吃"。另外，「のみほう」表示随便喝。

モード

体調や状況・状態をあらわす言葉。英語の「mode」は「方法・様式」や「流行」といった意味で使われるが、他方、現在の体調や状況・状態を表す言葉としても使われる。この場合、モードを単独では使わず、前にその状態を表す言葉を伴う。（例：長期休暇や休憩、睡眠に入ったとき（入ろうとしているとき）なら「お休みモード」。）

表示身体状况的词。英语中的"mode"是指"方法、样式"和"流行"的意思。另外，也表示目前的身体状况和状态。这种情况下，「モード」不单独使用，前面常伴有其状态。（例：长时间休息、小憩或入睡时的状态（想要睡眠时）称之为"休息状态"。）

美奈：やっとあと1週間で夏休みだね。もうお休み
　　　モードでやる気レス。

　　　再过一周终于到暑假了啊。马上要休息了，没
　　　什么干劲儿了。

結衣：あたしなんかさぁ、オールの合コンでお疲れ
　　　モード。朝早く起きらんなくて、駅で栄養ド
　　　リンクと立ち食いソバよ。

　　　我啊，昨晚参加了一个通宵联谊太累了。早上
　　　没能早起，在车站补充点儿营养饮料，站着吃
　　　了点儿荞麦面。

美奈：そこまですんの？なんか結衣ってオヤジギャル
　　　だよね。

　　　都到这种程度了啊？怎么感觉结衣像大叔呢。

やる気レス：やる気があまりない。「レス」は英語の「less」（＝程度、度
　　　　　　合いが一層少ない）から来ている。

　　　　没有干劲。「レス」是由英语的"less"（＝程度很小）演变而来的词。

オール：「オールナイト」の略。夜通し遊ぶこと。

　　　「オールナイト」的简称。指玩儿通宵。

オヤジギャル：年は若いがオヤジのような行動をする女性のこと。

　　　　虽然年轻，行动却像大叔一样的女性。

おなペコ　「おなかペコペコ」の略で、お腹が非常に空いているさま
　　　をあらわす。基本的には「おなかペコペコ」と同じように
　　　用いるが、「おなペコタイム」といった形容詞的な使い方
　　　もする。また、空腹時のお腹が鳴る音を「おなペコアラー
　　　ム」という。

「おなかペコペコ」的简称。意为"腹内空空"。与「おなかペコペコ」相同，「おなペコタイム」也有这种形容词用法。另外，肚子饿时的叫声称之为「おなペコアラーム」。

美奈：おなペコで死にそう～。おなペコタイムだよっ。
ねぇっ、これからマックいこっ！

快要饿死了，快要饿死了。我们一会儿去麦当劳吧。

結衣：さっきビール10杯飲んだじゃない。

刚才不是喝了10杯啤酒吗？

美奈：だって、もうおなペコアラーム鳴ってるんだもん。

但是肚子还是在叫嘛。

結衣：あんたってザルかなんか？

是你喝多了吧?

マック：ハンバーガーを主力商品とするファーストフードチェーンの「マクドナルド」の略。関西圏では「マクド」という呼び方で親しまれている。マクドナルドで食事することを「マックする」とも使う。

以汉堡包为主打产品的快餐连锁店「マクドナルド」（麦当劳）的简称。在关西地区称之为「マクド」。在麦当劳用餐称之为「マックする」。

ザ　ル：大酒飲みのこと。または、何度やっても無駄・無意味という意味。

喝了很多酒。另外，也指无论做多少次都没意义。

パンパンマン

顔がむくんでいること。またはそういった人。人気アニメ『それいけ！アンパンマン』の主人公アンパンマンと、物が膨らんだ様を表す擬態語パンパンを合成したもので、顔がむくんだり、太ったためにパンパンになった状態、そういった状態の人を指す。後に、顔以外でもパンパンに張った状態を指して使われるようになった（例：パソコンに向かいっぱなしで肩がパンパンマン）。

脸浮肿的样子。也指这样的人。人气动漫《面包超人》中的主人公的名字「アンパンマン」与表示物品膨胀的拟态词「パンパン」组合而成。指脸浮肿、肥胖等状态，也指这种状态的人。后来也不仅限于脸上浮肿，其他部位浮肿也用该词表示。（例：一直对着电脑，肩都僵硬了。）

ネカフェ

「インターネットカフェ」の略。インターネットが利用出来るパソコンが置かれた喫茶店である。

「インターネットカフェ」的简称。意为"可以上网的咖啡店"。

デリバる

出前をとること。英語で出前を意味する「delivery service」のデリバリーに動詞化する接尾語「る」をつけたもの。

订外卖。英语中表示外卖的单词"delivery service"的日文单词「デリバリー」后加上动词词尾「る」而形成。

「バリ」（＝「すごい」の最上級）＋「うまい」。

「バリ」（即「すごい」的最高级别，对应的英文单词为 very）＋「うまい」。意为"超级好吃"。

通常量より極端に多い料理を一つの食器などに盛ること。また、その様子、その盛ったもの。「大盛り」を大きく超える量を盛った料理。

比常量更多的料理放在一个容器中。另外，也指那种状态。"盛得很满"盛得超量的料理。

5

試験やばい、鬼多郎になっちゃうよ！

考试总是不及格，
我要变成鬼太郎啦！

将来、
マジ北京空かも

何言って
んだよ。
お前って帝王
じゃん。

（場面：試験についておしゃべり中）

（场景：正在讨论考试）

蒼：明日から期末じゃーん。遭難しちゃったから、またひでぇ点数とりそうだぜ。

翔太：俺も鬼太郎覚悟だぜ。

蒼：俺たちってずっと超低空飛行なんだからなあ。赤点スレスレでなんとかなってきたけど。

翔太：将来、マジ北京空かも。

蒼：何言ってんだよ。お前って帝王じゃん。将来安泰だよ。親父、ヒルズ族じゃなかったっけ？

翔太：うーん、密話だけどさ、いまや成り下がりだよ。すでに過去の人になっちゃってさぁ。リストラされて毎日パチ屋通いだぜ。しょぼいよなあ。

蒼：うわっ、それってマジヒサゲー。将来何が起こるか分かんねーもんだな。

小苍：明天就要期末啦。上课都不知道该干嘛了，估计又要不及格了。

翔太：我觉得我也要成鬼太郎了。

小苍：我们的分数一直都是低空飘过啊。怎么总是够不上及格分呢。

翔太：未来也是一片黑暗啊。

小苍：说什么呢。你可是公子哥儿啊。以后万事不愁。你老爸不是六本木一族吗？

翔太：嗯，别跟别人说啊。现在也走下坡路呢。已经成为历史咯。被解雇后每天去弹子房打游戏。不太理想啊。

小苍：哇！那么说可真是惨啊。以后会怎样还不知道呢啊。

翔太：かるフールでも逆玉[ぎゃくたま]になることもあるし、ほんと分[わ]かんねーもんだぜ。

翔太：脑袋笨的人也能娶个富家千金，真是没天理啊。

蒼　：ますますシケベンする気[き]なくなってきた。うーん、この後[あと]も講義[こうぎ]かぁ。すっかりたるたるソースモードなんだけど。

小苍：越发没有斗志了。哦，一会儿有讲座吧？一点儿情绪都没有啊。

翔太：今日[きょう]の講義[こうぎ]は最後[さいご]だし行[い]かないとまずくねぇーかぁ？ノーティ君[きみ]にコピー頼[たの]まなくっちゃ。

翔太：今天的课是最后一次了，不去不行吧。必须借个笔记抄抄了。

蒼　：そうだな。あとは漬勉[つけべん]にかけよようぜ。レス勉[べん]するか？

小苍：是啊。以后要通宵学习了。在餐厅学习吧。

翔太：家[いえ]でやるとチンタラしちゃうし…、すぐ逃勉[とうべん]してネトゲに走[はし]りそうだなぁ。

翔太：在家学习效率就会很低啊……很快就不学习去打游戏了。

蒼　：あーあ、今晩完徹[こんばんかんてつ]ってことかぁ。次[つぎ]の講義[こうぎ]で寝溜[ねだ]めしとかなくちゃな。

小苍：是啊，今晚通宵吧。下节课好好睡一觉。

翔太：俺[おれ]も爆睡[ばくすい]予定[よてい]。二人分[ふたりぶん]防波堤[ぼうは]用意[てい]しよーぜ。

翔太：我也打算好好睡一觉。咱俩准备好书本立在课桌上吧。

遭難する

（しばらく授業を聞いていなかったため）授業で何をやっているか分からなくなる。

（很久没听课了）所以不知道在课堂上该做些什么。

鬼太郎

ものごとの結果などが最低（＝下の下の下）であること。「ゲゲゲの鬼太郎」のもじりである。

事情的结果等达到最低程度。《怪怪怪的鬼太郎》中的嘲讽。

低空飛行

低い点数。または低い点数のままでいること。

最低分数。或者是一直保持最低分。

赤点

落第点のこと。進級するために必要な点数に満たない点数を意味する。これは赤点を取った際、点数や成績表・通知表が赤字で書かれたことから来ている。また、ただ単に平均点以下、平均点の半分以下を「赤点」と呼ぶ人もいる。

不及格的分数。意思是指达不到能够升级的分数。这种用法来自当取得不及格的分数时用红色的字来记分数、成绩表以及通知单。也有人将取得平均分以下或平均分一半以下的人称之为「赤点」。

北京空

予想ができないこと。先がかすんで見えないさま。北京の空、空気が悪く濁っていることから来ている。

表示无法预测。看不清未来。来自于北京的天空因空气质量差而浑浊。

帝王

父親が社長や偉い地位にある人。

父亲是社长或地位高的人。

ヒルズ族

六本木ヒルズ内のマンションに入居している企業の経営者のこと。主にIT企業の若い経営者やベンチャー企業家など、いわゆる「勝ち組」に対して使われるが、広義では六本木ヒルズのオフィスで働いている人全般をさす場合もある。「ヒルズ長者」とも呼ばれる。

入驻六本木大楼的公司经营者。主要是IT公司年轻的经营者和风险投资家等，也就是在"胜利组"中使用，广义上是指在六本木大楼办公的所有的工作人员。有时也叫做「ヒルズ長者」。意为"六本木富人"。

密話

誰にもいえない内緒の話。他人に聞かれないように、ひそひそと話すこと。一般的に「密話」は「みつわ」と読むが、若者は「〜ばなし」を「〜ばな」と省略して使う傾向があり、他にも「こいばな」（恋話＝恋愛の話）、「しつばな」（失話＝失恋の話）などがある。

对谁都不能说的秘密。以免被他人听到而低语。可意为"悄悄话"。另外，「密話」一般读作「みつわ」，但年轻人经常会将「〜ばなし」缩略为「〜ばな」来读。其他类似的词还有「こいばな」、「しつばな」等。

成り下がり

生活や地位がおちぶれることを意味する。成り上がりに対する言葉。

生活和地位败落。与成功相对的词语。

過去の人

以前ほど活躍しなくなった人や話題にならなくなった人のこと。過去に付き合ってきた人や過去一緒に仕事をしてきた人に対して「これまでの人」という意味でも使われるが、これとは別に、過去に話題になった人・脚光を浴びた人の中で、今は話題にならなくなった人のこともいう。

指不像以前一样活跃的人或不能引发话题的人。含有"以前的人"的意思，表示过去接触的人和过去一起共事的人。但本文中是指过去引发话题的人或者是登上舞台的人中，现在已经不再受到关注的人。

パチ屋

「パチンコ屋」の略。

「パチンコ屋」的简称。意为"弹子房"。

しょぼい

冴えない・ぱっとしないこと。「目がしょぼしょぼする」や「しょぼくれる」で使われる「しょぼ」に形容詞形化する接尾語「い」を付けたもの。また「しょぼい」は「しょぼ（ショボッ）」という感嘆詞としても使われる。

笨拙、意志消沉、不太理想。「目がしょぼしょぼする」（眼睛模糊）与「しょぼくれる」（无精打采）中使用的「しょぼ」后接形容词词尾「い」。另外，「しょぼい」也可作为「しょぼ（ショボッ）」这样的感叹词使用。

ヒサゲ

悲惨な感じ、様子。　悲惨的感觉和样子。

かるフール

軽くてバカ。「軽い」＋「fool」。

有一点笨。「軽い」＋"fool"演变而来。「軽い」意为"有一点"；"fool"意为"笨蛋"。

逆玉

財産を持たない男性が財産を持つ家の娘と結婚すること。財産や地位のない女性が結婚によって富貴な身分になることを玉の輿というが、「逆玉」は「逆玉の輿」のこと。つまり、地位や名誉、財産のない男性がそれらを持つ人物の娘と結婚し、富貴な身分になることをいう。

没有财产的男性与拥有财产的女性结婚。没有财产和地位的女性由于结婚而身价倍增称之为「玉の輿」，而「逆玉」是「逆玉の輿」的意思，也就是没有地位、名誉和财产的男性与拥有这些的女性结婚，从而变得富贵。

シケベン

「試験勉強」の略。

「試験勉強」的简称。意为"考试学习"。

たるたるソース

気分が乗らない状態。「タルタルソース」のもじり。

没有干劲的状态。用法与「タルタルソース」相同。

ノーティ

大学の講義でノートを取り、友人に貸す人のこと。ノートに、英語で「〜する人」という意味にする接尾語「-ee」を付けたもの。

大学讲座中记笔记，借给朋友的人。在「ノート」后接英语中表示行为主体的"-ee"。

漬勉

一夜漬けで勉強すること。

通宵学习。

レス勉

ファミリーレストランで勉強すること。

在餐厅学习。

チンタラ

物事に対して積極的でなく、だらだら行うさまを表わす語。

表示行动缓慢、不积极。

逃勉

勉強せずに遊びに逃げること。

不学习，逃出去玩耍。

ネトゲ

ネットワークゲーム（ネットゲーム）の略で、インターネットなどのオンラインを利用するゲームのことである（オンラインゲーム）。

「ネットワークゲーム」的简称。意为"网络游戏"。在互联网等在线打游戏。

完徹

完全に一睡もせずに徹夜すること。

一点儿没睡，通宵学习。

爆睡

多くの場合とても疲れた時などに陥る、通り一遍の眠りでない深く心地好い睡眠。また、本来寝るべきでない場面で眠ってしまった場合にもしばしば用いられる。

非常劳累时好好地睡上一觉。也常用于本不该睡的场合下睡着。

防波堤

授業中に内職、居眠りなどをする際、教師側からばれないように教科書を立てること。また、その遮り。

上课学其他课程或睡觉时，为了不被老师发现而把书立起来。或者指这种遮掩。

蒼　：お前、授業中ラーメン食べてんのかよっ。

你上课时吃拉面了？

翔太：隠れて食べるラーメン、まいうだぜ。

偷偷吃的。太美味了。

蒼　：先生〜！翔太が防波堤してラーメン食ってますよぉ！

老师〜！翔太把书立起来吃拉面啦！

翔太：マジ？即効ちくるのかよ！ありえねーっ！

不会吧？马上就告密啊？真不可思议！

まいう：旨い、美味しいを意味する感嘆詞。

表示"美味"的感叹词。

ちくる：告げ口や密告をすること。「ちっくる」ともいう。

告密。也可说成「ちっくる」。

6

美奈はママサー行ったら？

美奈要去辣妈社团吗？

さばって
んだよ。
子どもい
るしさ

あばばばばー、
美奈さぁ、
ママサー行
きなよぉ

（場面：サークル選びについておしゃべりしている）

（场景：在谈论选择社团）

美奈：どっかいいサークルないかなあ。

美奈：哪儿有好的社团呢？

結衣：帰宅部でいいじゃん。

结衣：回家社团（不参加任何社团）不是很好嘛。

美奈：あたし高校んとき、ちゃんとサー人してたもんね。

美奈：我高中的时候，可是个社团积极分子呢。

結衣：ふーん。何入ってたの？

结衣：哦，都参加什么社团了呢？

美奈：イベサー。

美奈：文艺小组。

結衣：へぇー、活動的じゃん。わたしなんか、ずーっとベルサッサよ。

结衣：哦？很活跃嘛。我都是铃声一响就马上撤走的。

美奈：じゃあさ、飲みサーでいいんじゃない？気軽だと思うよ。

美奈：酒会社团也不错嘛。可以放松心情。

結衣：それパス～。ピヨったエモいのにからまれそうじゃん。飲むんだったら女子飲み希望。

结衣：那可不行。会被那些喝得醉醺醺摇摇晃晃的色狼跟踪，要是想喝的话还是女生酒会比较好。

美奈：そうだけどねぇ。そういう女子会はまた別にすればいいじゃん。あたし、なんかスイーツ食べたくなってきちゃったんだけど。

美奈：那倒是啊。不过，女生聚会还是做点别的事比较好。我想吃甜品了。

46

結衣：えっ？それって、アラサー、アラフォーの世界じゃないの？

美奈：それもいいじゃないの？あたしってすでにアラ還気分だからぁ。それよりスイーツしながらサークル考えようよっ。ねえねえ。

結衣：んじゃあ、ゼリのドルチェどぅ？

美奈：うーん、豆大福と緑茶がいい！

結衣：へっ？あんたって、なんか若年寄っぽくない？

美奈：うん、まあね。昭女だもん。

結衣：えっ！うそ！

美奈：サバってんだよ。子どももいるしさ。

結衣：あばばばばー。美奈さぁ、ママサー行きなよぉ。

結衣：嗯？那不是三四十岁的女人的世界吗？

美奈：那不也很好吗？我感觉都已经年过花甲啦。我们还是边吃甜品边想想社团的事吧。

结衣：那去意大利料理店吃甜点怎么样？

美奈：不要啦！豆大福和绿茶比较好！

结衣：嗯？听起来怎么像很大年龄了啊？

美奈：嗯。我是昭和时代的女子啦。

结衣：啊，胡说！

美奈：我隐瞒年龄了哦。我都有孩子了！

结衣：啊，好恐怖。美奈，你去辣妈社团报名吧！

潮爆地带

劲爆秀出流行口语

帰宅部　部活・サークル・クラブに所属していないこと。

不属于任何社团、小组、俱乐部。

サークルに参加する人のこと。ただし、大学のサークルや社会人サークルに参加する人を対象にしたものでなく、「イベサー」「ギャルサー」「和サー」といった10代の若者によるサークルに参加する人を意味する。

参加小组活动的人。但是，并不是指参加大学校园中的小组和已工作人员的小组的人，而是指参加由十几岁的年轻人组织的「イベサー」「ギャルサー」「和サー」等小组的人。

ギャルサー：「ギャル・サークル」の略で、ギャルが集うサークルのこと。「ギャルサ・ークル」的简称。指女生聚集的小组。

和サー：「和みサークル」の略で、「イベサー」の対として生まれた言葉である。イベントを行わない、あるいはイベントを主としないサークル。「和サー」は、バーベキューや飲み会、キャンプなどを和気あいあいとする仲良し集団的雰囲気がある。

「和みサークル」的简称，与「イベサー」相对派生出来的词。不举办文艺表演或不以文艺表演为主的小组。「和サー」是指举办烧烤、酒会、野营等小组活动，具有和谐的团队氛围。

「イベント・サークル」の略で、クラブでのパーティーなどイベントを行うことを目的とするサークルのことである。大学生が行うサークルというより、10代の高校生男女によるイベントサークルを「イベサー」と呼ぶ傾向がある。

「イベント・サークル」的简称，以在俱乐部中举办派对等活动为目的的小组。与大学生举办的小组相比，十几岁的男女高中生举办的文艺小组被称为「イベサー」。

ベルサッサ

「ベルが鳴るとさっさと帰ってしまう」の略で、授業や就業が終わる合図のベルがなると同時に帰宅する人を意味する。また帰宅以外にも授業が終わるチャイムとともに外へ遊びに行く、売店へ行く人にも使われることがある。

「ベルが鳴るとさっさと帰ってしまう」的简称。是指下课或下班铃声一响，马上就回家的人。另外也表示除回家外，下课铃声一响就到外面去玩或去商店的人。

美奈：今日、ベルサッサするよぉ。バーゲン5時からなんだ。

今天下课就走哦，5点开始有特卖活动。

結衣：え？ベルサすんの？もう荷物片しちゃって、しっかりスタンばってるねぇ。

哦？下课就走吗？我要收拾收拾呢。

美奈：よーし、秒読み入ったよぉ。サー！

好吧，倒计时开始！

結衣：うわっ、目、血走ってるぅ。あんたってパネェくらいバーゲンに命かけてるよねぇ。

哇，那么兴奋。你真是为了特卖肯拼命啊。

ベルサする：「ベルサする」とは終業のベルと同時に帰宅する人を意味する俗語「ベルサッサ」を簡略化し、「する」を付けて動詞化したもの。

「ベルサする」是在表示下课铃声一响就回家的人的俗语「ベルサッサ」简略后，加上表示动作的「する」而成。

スタンばる：「スタンバイ」の動詞化。スタンバイする。準備、用意すること。

49

「スタンバイ」的动词形式。意为"准备"。

サー：気合を入れたり、集中したいときに力強く発する語。卓球の福原愛選手の真似である。

鼓起干劲、集中精力时有力地说出的一句话。模仿乒乓球选手福原爱。

パネェ：程度を強調する言葉「半端ではない」が変化したもの。「半端じゃない」→「半端じゃねぇ」→「半端ねぇ」→「パネェ」と変化してきた。

强调程度的词「半端ではない」演变而来。其过程为「半端じゃない」→「半端じゃねぇ」→「半端ねぇ」→「パネェ」。

飲みサー

飲み会がメインの大学サークルのこと。

以酒会为主的大学小组。

ピヨる

酔っている人がフラついてヒヨコのようにピヨピヨ状態になること。

酒醉的人像鸡雏一样摇摇晃晃的样子。

エモい

スケベな人や性的にイヤらしい人を意味する「エロい」と気持ち悪いという意味の俗語「キモい」の合成語で、気持ち悪いほどエロくて気持ち悪いこと。またはそういった人。エロさが強調された言葉である。

表示好色之徒的词「エロい」和表示令人讨厌的词「キモい」组合而成的词语，令人讨厌的好色之意。也指这样的人。强调其好色之意。

女子会

女性だけで集まって飲食をしたり、話して情報交換する会のこと。男性が入らないので、食事やお茶、スイーツなど、お酒抜きの飲食会傾向がある。

只有女性聚集的聚餐、聊天、交换信息的聚会。无男性，吃饭、喝茶、吃甜品等不喝酒的聚会。

アラサー

「アラウンドサーティー」（around 30）の略。30歳前後の女性を指し、「アラサー世代」ともいう。

「アラウンドサーティー」（around 30）的简称。指三十年龄段的女性，有时也称「アラサー世代」。

アラフォー

「アラウンドフォーティー」（around 40）の略。40歳前後の女性を指し、「アラフォー世代」ともいう。アラフォーはアラサー（around 30）の派生語として生まれた言葉。

「アラウンドフォーティー」（around 40）的简称。指四十年龄段的女性。也称作「アラフォー世代」。「アラフォー」是「アラサー」（around 30）的派生语。

アラ還

「アラウンド還暦」（around 還暦）の略。還暦前後の世代を意味する。

「アラウンド還暦」（around 還暦）的简称。指六十年龄段的人。

スイーツ

ケーキやプリンなど甘いお菓子のこと。英語（イギリス英語）で甘いデザート・お菓子を意味する「sweet」（アメリカ英語ではdessert）からきたカタカナ英語である。以前は、子供のお菓子と区別し、大人が味わって食べる高級でおしゃれなお菓子という意味で使われていたが、現在はお

菓子全般に使えるようになった。

点心、布丁等甜品。由英语（英式英语）中表示甜点、和式点心等意思的"sweet"（美式英语是dessert）而产生的片假名英语。以前，与小孩子的点心不同，用来表示大人品尝的高级时尚的点心，现在指所有的点心。

ゼリ

イタリア料理専門のファミリーレストラン、「サイゼリア」の略。

意大利料理店家庭餐馆、「サイゼリア」的简称。

ドルチェ

イタリア料理におけるデザートやお菓子のことで、イタリア語の「dolce」からきたカタカナ伊語。日本で人気があるものに、パンナコッタ、ティラミス、タルトがある。

在意大利料理中的甜点、点心。由意大利语"dolce"而产生的词。在日本受欢迎的甜点有"意式奶油布丁""提拉米苏""果馅饼"。

若年寄

若い割りに外見や言動が年寄りじみた人のこと。

虽然年轻但外表和言行都老态的人。

サバる

①年齢をごまかす。

①隐瞒年龄。

結衣：彼氏に5歳も年齢サバってんだぁ。

向男友隐瞒年龄（少说5岁）了。

美奈：年齢詐欺じゃん！

年龄诈骗啊。

②ぼーっとする。一点だけ見つめる状態になる。

②只看到一点的状态。

52

結衣：いったいどこ見てんの？おーい、話聞いてる？

到底在看什么啊？喂，在听我说话吗？

美奈：はぁ…

啊……

結衣：この子、完全サバってるわぁ。

这孩子，彻底走神了。

あばばばば

不測の事態に慌ててしまい、ひどく焦ったときに思わず口から出る語。

面临不测的事态感到恐慌，十分焦急时脱口而出的语言。

ママサー

「ママサークル」の略。この場合のママは10代後半で出産した「ギャルママ」を指すことが多い。

「ママサークル」的简称。这里的ママ多指十几岁就生孩子的年轻妈妈。

ギャルママ：ギャルのような格好をした母親のこと。

打扮得时尚的年轻妈妈。意为"辣妈"。

7

盛りすぎて、
皮膚呼吸できない！

化了浓妆，
皮肤都不能呼吸了！

結衣の顔、
盛りすぎな
んだよぉ。
皮膚呼吸できない
じゃーん

もう〜、変な
冗談よしてっ

（場面：化粧直ししながらおしゃべりしている）

（场景：一边补妆一边聊天）

結衣：美奈ってすっぴんメークだよ
　　　ね。ナチュかわ～。

結衣：美奈看起来像没化妆一样，真是
　　　自然又可爱啊。

美奈：結衣の顔、盛りすぎなんだよぉ。
　　　皮膚呼吸できないじゃーん。

美奈：结衣你妆化得太重了哦，皮肤都
　　　不能呼吸了呢。

結衣：もう～、変な冗談よしてっ。

結衣：不要开这种玩笑啦。

美奈：だってひじきだよ。

美奈：不过，你睫毛膏都粘在一起啦。

結衣：いいの！デカ目しないとモテ女
　　　になれないもん。

結衣：好啦！眼睛不画得大点就没有人
　　　注意我啦。

美奈：結衣さぁ、コスメにいったいい
　　　くら使ってんの？

美奈：结衣，你在化妆品上到底花了多
　　　少啊？

結衣：うーん、だいたい月、諭吉一枚
　　　ぐらいかな。

結衣：嗯……一个月差不多一万吧。

美奈：いがーい、そんなもんなんだ。
　　　どこのブランド使ってんの？

美奈：哈啊？难怪啦？用了什么牌子的
　　　啊？

結衣：ぜーんぶ、ムジ。チープコスメ
　　　だけに決まってるじゃん。

結衣：全都在无印买的。全都是便宜的
　　　化妆品啦。

美奈：そうだね、結衣ってお金ないよ
　　　ね。ムジのってシンプルだから
　　　いいよね。なのになんでこんな

美奈：是吗？结衣没什么钱吧？无印的
　　　话比较素淡也不错啊。那为什么
　　　画得这么粗糙呢？

ゴテゴテメイクできちゃうわ
け？

結衣：そりゃあねぇ、メイク時間たっ
ぷり30分かけてるから。

美奈：えっ？たった30分？あたしな
んか、このナチュメイクに1時
間以上かけてるんだよぉ。

結衣：ナチュラルに仕上げるのって逆
に時間かかるってことか。美奈
はどこでコスメ買ってる？

美奈：ソニプラとかね。あそこでブラブ
ラするだけでテンション上がって
くるし。

結衣：まだ行ったことないな。一人暮
らし始めてから大人買いしやす
くなっちゃってさぁ。すぐ金欠
になっちゃうんだ。抑えて抑え
てなるべくチープリな店だけ行
くんだけどね。

美奈：もしか百均も行ってる？

結衣：ストレスで肌調子悪いときは
雑貨とか大人買いでしょっ。カ
ードにバンバン入れちゃって、
気分よくなって、顔がツルピカ
になってくるなるんだから！エ

結衣：说起来啊，化妆时间足足用了半
个小时啊。

美奈：啊？只是半个小时？换作我的
话，这种自然的妆容起码要一个
小时以上哦。

结衣：自然妆容反而要花费更长的时间
啊？美奈是在哪里买的化妆品
呢？

美奈：在Sony Plaza买的。随便在那
里逛逛就会提升气质哦。

结衣：我还没去过呢。自从独立生活
后，就开始疯狂购物了。马上会
花掉所有的钱。控制控制，尽量
去又便宜又可爱的店里啦。

美奈：难道也去百元店吗？

结衣：因为压力皮肤不好的时候，就去
疯狂购物。疯狂刷卡，心情就会
变得愉悦，脸上也会有光泽啦。
就如同在美容院放松一样。

ステみたいな感じかな。

美奈：百均がエステ？結衣ってビンバーかなんか？

美奈：百元店是在美容院放松心情？结衣，你也太困难了吧?

潮爆地带
劲爆秀出流行口语

すっぴんメーク

すっぴんであるかのようにみえるメーク法。もともとは口紅しか塗らなかったり、女優がドラマで素顔のシーンを演じるときなどのメークをさしていたが、最近では「ナチュラルメーク」の一つの形態と位置づけられている。また、肌の血色をよくみせたり、素顔本来のよさを引き出すようなメーク法も指すようになってきた。自然体であることを強調し、「お化粧をしっかりしている」と表に出さないようにするメーク法。

妆化得看起来像素颜一样。一开始只是涂口红，指女演员在电视剧中演素颜场景时的妆容，最近已发展成为"自然妆容"的一种。另外，也指调和肤色，还原素颜之美的化妆手法。强调自然的美感，不会表现出"认真地化了妆"的化妆手法。

ナチュかわ

「ナチュラルかわいい」の略で「自然にかわいい」という意味。もともとは極めて薄めの化粧でほとんど化粧していないように見え、可愛く見えることを指していたが、次第にファッション全般にも広がり、「ナチュかわなスカート」といった表現が女性ファッション誌に見られるようになった。

「ナチュラルかわいい」的简称。意为"自然又可爱"。原本指很淡的化妆基本上看不出来，看起来很可爱。后来渐渐成为时尚普及开来。「ナチュかわなスカート」（可爱的连衣裙）这样的词已越来越多地出现在女性时尚杂志中。

盛る

過剰な化粧をすること。ファンデーションなどをまるで盛りつけるように肌に塗り、アイライン、マスカラなどもくっきりと強調する。「アクセサリーを過剰に身につける」「なにかを過剰に演出する」といった意味合いでも使われることがある。

浓妆。在脸上涂粉底等，眼线、睫毛膏等画得很重。也表示身上"饰品过多"。

ひじき

マスカラが上手く塗れず、ダマになった状態。あるいはマスカラを塗りすぎたまつ毛のこと。そのような状態のまつ毛がひじきに似ていることから来ている。「ひじきまつ毛」ともいう。

睫毛膏没涂好，粘在一起的状态。或者是把睫毛膏涂多了粘在睫毛上。这样的睫毛像羊栖菜一样。也叫做"羊栖菜睫毛"。

デカ目

メークアップによって素顔の時よりも大きく表現した目。目の縁にアイライナーを入れたり、マスカラなどでトル大きく見せようとした目である。

通过化妆，眼睛比素颜时显得更大。眼睛周围画上眼线、睫毛膏等，使眼睛显得大。

モテ女

「もてる女性」の略。

「もてる女性」的简称。意为"受欢迎的女性"。

コスメ

「コスメティック（cosmetic）」の略。つまり化粧品のこと。最近ではその意味も幅広くなり「美容」「健康」を内包する言葉としても使われるようになった。

「コスメティック（cosmetic）」的简称。意为"化妆品"。最近其意思也引申为"美容""健康"等。

諭吉

1万円（札）。1万円札に福沢諭吉が肖像として印刷されていることから来ている。

1万日元。1万日元纸币上印着福泽谕吉的头像，由此得名。

ムジ

生活雑貨・食品・洋服・文房具等を販売しているチェーン店「無印良品」のこと。その他、「むじるし」「むいん」と呼ぶ人もいる。

销售日用品、食品、西装、文具等商品的连锁店"无印良

品"。另外，也有人称作「むじるし」「むいん」。

チープコスメ

「チープな（安い）＋コスメ」の略。

「チープな（安い）＋コスメ」的简称。意为"便宜的化妆品"。

ナチュメーク

「ナチュラルメーク」の略。顔の作りや肌の自然な感じを生かして個性を引き出す化粧法。

「ナチュラルメーク」的简称。意为"自然美容"。美容和皮肤保养中使用的美容手法。

ソニプラ

輸入品を中心とした雑貨チェーン店「ソニープラザ」のこと。ポップなアクセサリー、輸入菓子、服、ポストカード、文房具等を扱っている。

以进口商品为主的连锁店「ソニープラザ」Sony Plaza。主要销售流行饰品、进口点心、衣服、明信片、文具等。

テンションが上がる

気分が高揚すること。

提升气质。

大人買い

低価格商品を豊かな経済力で大量購入すること。子供の頃に出来なかった購入に対する夢を、大人になって経済力がついてから果たす購入方法をいう。例えば、玩具付

60

お菓子のケース買いやマンガを全巻一度に購入などがある。他、子供が大量購入する場合でも代金を支払うのが大人（親）などであれば大人買いと呼ぶ。

以雄厚的经济实力购入大量廉价商品。指成人后拥有一定的经济实力实现孩童时代无法购买的梦想。比如：购买带玩具的点心或一次性买齐整套漫画书等。此外，孩子大量购物时由成年人付款也称作「大人買い」。

金欠

お金がない、足りない状態。

钱不够、没钱的状态。

チープリ

安価という意味の英語「cheap（チープ）」とカワイイという意味の英語「pretty（プリティ）」を合わせた合成語。安価だがカワイイという意味で使用する。また、安っぽいけどカワイイといった意味でも使われる。

表示"便宜"的英文单词"cheap（チープ）"和表示"可爱"的英文单词"pretty（プリティ）"组合而成的词语。表示虽然价格便宜但是很可爱。

百均

店内の商品を原則として1点100円均一で販売する形態の小売店「百円ショップ」の略。別名「100円均一」。

店内商品一律100日元的小卖店「百円ショップ」的简称。别名「100円均一」。意为"百元店"。

ツルピカ

ツルツルと滑らかな感触でピカピカ輝いていること。

光滑泛光的样子。

エステ

「エステティックサロン」の略。脱毛、瘦身、フェイシャルを中心にした美容のための施設でリラクゼーションを兼ねたところも多い。

「エステティックサロン」的简称。表示在以脱毛、瘦身等美容为主的场所放松心情。

ビンバー

貧乏を強調した言葉。「貧乏」に英語で形容詞につけて比較級にする接尾語「-er」をつけたもの。同様に「ビンベスト」は「貧乏」に英語で形容詞を最上級にする接尾語「-est」をつけたもの。つまり、貧乏の活用形がビンボー＞ビンバー＞ビンベスト（「お金がある＞お金がない」という関係）。また、「ビンボー」は貧乏の初期段階、「ビンバー」は貧乏の第二段階、「ビンベスト」は完全貧乏という使い分けもある。

表示贫穷的词。在「貧乏」后接英语中表示形容词的"–er"。同理，「ビンベスト」是在「貧乏」后接程度最高的形容词词尾"–est"。也就是说，ビンボー＞ビンバー＞ビンベスト（「お金がある＞お金がない」这样的关系）。另外，「ビンボー」用于一般贫困，「ビンバー」用于比较贫困，「ビンベスト」用于最贫困。

8

美奈ちゃんってマヨラー？

美奈是很喜欢吃蛋黄酱的人吗？

あれっ？美
奈ちゃんって
マヨラー
だっけ？

ううん、
どっちかって
いうとケチャラー。
でもさ、彼氏が
マヨラー
だから

（場面：学生寮でおしゃべりしている）

（场景：在宿舍闲聊）

結衣：なんか食べる？ずっとだべってたらもう3時じゃん。

結衣：吃点什么呢？一直在边吃边聊都3点了。

美奈：わっ、もう3時か！うーん、冷蔵庫になんかあったっけ。

美奈：哇，已经三点了吗？嗯，冰箱里有什么吃的吗？

結衣：冷食いっぱーい。レンチンしたらすぐ食べられるやつばっか。たこ焼き、おにぎり、チキン…中華まんもあるよぉ。

結衣：冷藏食品满满的。都是电磁炉加热马上就能吃的。章鱼烧、饭团、鸡肉……包子什么的。

美奈：へぇー、買ってきたんだ。じゃ、あたし、ポテチ開けるね。

美奈：啊，买回来了。那我先开一包薯片。

結衣：うん、お願いね。じゃ、適当にチンするね。

結衣：嗯。拜托了。那，好好加热一下。

美奈：うん。あと、なんか飲み物。

美奈：嗯，有什么喝的吗？

結衣：アイミルでいい？

結衣：冰牛奶行吗？

美奈：なんでもいいよ。あと、マヨね。

美奈：什么都行啊，有蛋黄酱吗？

結衣：あれっ？美奈ちゃんってマヨラーだっけ？

結衣：啊？美奈是很喜欢吃蛋黄酱的人吗？

美奈：ううん、どっちかっていうとケ

美奈：没有，要说是哪个的话算是很喜

チャラー。でもさ、彼氏（かれし）がマヨ
ラーだから。

結衣：へぇー、彼色（かれいろ）に染（そ）まりたいわけ
か。ぞっこんだね。

美奈：うん。それにね、彼、デブ専（せん）な
の！がっつり食（た）べなくちゃ！

結衣：うっ…別（わか）れた後（あと）、絶対後悔（ぜったいこうかい）する
ね…。

美奈：ん？なんか言（い）った？

結衣：あはは—。あっ、チンできたみ
たい。取（と）ってくるね！

欢吃番茄酱的人吧。不过，是男
朋友喜欢蛋黄酱啦。

结衣：哈啊？是想随男友啊。彻底被迷
住了哦。

美奈：嗯，还有啊，他是喜欢胖人的！
吃什么都使劲儿吃！

结衣：分……分手之后，会特别后悔
吧！

美奈：嗯？说什么？

结衣：哈哈哈。啊，好像微波炉响了，
拿出来了哦！

潮爆地带

劲爆秀出流行口语

だべる

無駄（むだ）なおしゃべりという意味（いみ）の「駄弁（だべん）」に動詞化（どうしか）する接尾（せつび）
語（ご）「る」を付（つ）けたもので、無駄（むだ）なおしゃべりをする・べ
ちゃべちゃしゃべくるという意味（いみ）で使（つか）われる。最近（さいきん）の若者（わかもの）
の中（なか）には、複数人（ふくすうにん）で特（とく）に何（なに）をするでもなく、単（たん）に一緒（いっしょ）にい
てダラダラすることをだべるという場合（ばあい）がある。

表示无意义的聊天的词「駄弁」后接动词词尾「る」，表示
聊无意义的话题。意为"闲聊"。最近的年轻人中，很多人
并不做什么特别的事，只是在一起慢慢聊称为「だべる」。

冷食

「冷凍食品」の略。チルド食品のこと。

「冷凍食品」的简称。指冷藏食品。

レンチン

電子レンジで温めること。チンすること。

用电磁炉加热。"叮"的一声。

ばっか

「ばっかり」の略。

「ばっかり」的简称。意为"惟一"。

ポテチ

スナック菓子の「ポテトチップス」の略。

「ポテトチップス」的简称。意为"薯片"。

チンする

電子レンジで調理したり、料理を温めることを意味する。電子レンジの調理完了を知らせる音が「チーン」（現在は電子レンジの音も多種多様になってきている）であることに由来。この音に動詞化する接尾語「〜する」をつけたものである。

用电磁炉烹饪、加热料理。电磁炉烹饪好后发出"叮"的一声（现在电磁炉的声音也多样）而来。在这声音后加动词词尾「〜する」而成。

アイミル

「アイスミルク」の略。

「アイスミルク」的简称。意为"冰牛奶"。

マヨ

「マヨネーズ」の略。

「マヨネーズ」的简称。意为"蛋黄酱"。

マヨラー

マヨネーズを好物とする人を指す。マヨネーズを大量にかけて食べたり、あらゆる食品にマヨネーズを使用する人に対して用いられる。

很喜欢吃蛋黄酱的人。吃东西时放入大量的蛋黄酱，所有食品中都加入蛋黄酱的人。

ケチャラー

ケチャップが好きな人やいろいろな食材・料理にケチャップをつけて食べる人を意味する。「マヨラー」から来た派生語。

很喜欢吃番茄酱的人和各种食材、料理中都加入番茄酱食用的人。由「マヨラー」而派生出来的词。

彼色に染まる（〜色に染まる）

どんなことも彼好みになること。彼が好きな髪型、ファッション、言葉遣い、動作、口調、性格、価値観など、たとえ無理をしてでも自分に取り入れる。

什么事都按男朋友的喜好来做。男朋友喜欢的发型、服饰、口头禅、动作、腔调、性格、价值观等，即使是任性也遵照男朋友的想法。

美奈：もっとあなた色に染まりたいな。

我什么都听你的。

翔太：いや、俺がお前色に染まりたいよ。

不，我什么都尊重你。

蒼　：あちゃー、二人とも目がハートだよ。なーん
か、俺ってお邪魔虫。

哎哟，两个人眼睛都放电啦。我成电灯泡了。

目がハート：マンガ、アニメで登場人物やキャラクターの目がハートマー
クになるシーンがある。目がハートとはそういったシチュエ
ーションになることを意味する。例えば、好きな異性が視界
にいる時、好みの商品などを見つけた時、それを見入る様子
をいう。

在漫画、动画中的登场人物和角色的眼睛成心形的场景。例
如：看到自己喜欢的异性、喜欢的商品等时候的样子。

お邪魔虫：存在が邪魔と感じられている人のことを指したり、みんなが嫌っ
ている人、恋人や仲のいい男女が二人でいる場所・席に居つい
てしまう無神経な人のことをお邪魔虫という。

指自己的存在会变成妨碍别人的人、大家都不喜欢的人、与恋人
和关系很好的男女二人同坐在一起的没眼力的人。

ぞっこん

もともと「心の底」「しんそこ」「すっかり」「しんか
ら」といった意味で古くから使われる言葉である。主に
「ぞっこん惚れ込む」といった言い回しで使われるが、た
だ「ぞっこん」だけで「ぞっこん惚れ込む（＝心底惚れ込
む）」という意味で使われるようになった。

原本意同「心の底」「しんそこ」「すっかり」「しんか
ら」，很早就开始使用的语言。表示"从内心深处着迷"，
后来只用「ぞっこん」这一词汇表达该用法。

デブ専

太った人を好む人。あるいは太った人のみを雇った風俗店のことを指す。

喜欢肥胖的人，或者是只雇佣胖人的风月场所。

がっつり

しっかり、たっぷり、思いきりという意味。食事をする場合によく使う。

意同「しっかり」、「たっぷり」、「思いきり」。吃饭时经常使用。意为"充分地""充足地""痛快地"。

翔太：焼肉、ひさびさだなぁ。マジうれしぃー！

好久没吃烤肉了啊。太爽了！

蒼　：ほんと、1ヶ月ぶりじゃね？今日はがっつり食おうぜ！

是啊，差不多一个月了。今天要吃个够！

翔太：よーし、牛になるまで食うぞ～！

好的！多吃点肉，像牛一样（结实）！

69

9

学祭にメイドの屋台があるよ！
大学学园祭里也有女仆展位哦！

変わったとこ
行ってみようよ。
ほらっ、あそこ
にメイド喫茶が
あるじゃん

わあーっ、
さすが大学の
学祭っ、屋台が
いっぱいだね。
どこ行くぅ？

（場面：学園祭で新入生どうしがおしゃべりしながら歩いている）
（场景：学园祭中新生在边聊天边散步）

結衣：わあーっ、さすが大学の学祭っ、屋台がいっぱいだね。どこ行くぅ？

结衣：哇，真不愧是大学的学园祭啊，这么多展位。去哪儿呢？

蒼　：変わったとこ行ってみようよ。ほらっ、あそこにメイド喫茶があるじゃん。

小苍：去个与众不同的地方吧。看，那边有女仆咖啡。

結衣：えーっ！メイド喫茶って、「ご主人様～」とか言っちゃってフリフリの女の子がサービスしてくれるんでしょ。生理的に受け付けないよ。

结衣：啊？女仆咖啡，不是说"主人……"这类的穿着蕾丝装的女生提供服务的嘛。我有点受不了。

蒼　：そっかね？執事カフェもあるけど、そっちは？

小苍：是吗？也有管家咖啡呢，那去那边？

結衣：だめだってばぁーっ。そういうとこって、腐女子とかオタク女子とかが好きそうって感じじゃん。わたし、全然そういうんじゃないから。

结衣：别去了！那种地方，感觉是宅女们的地盘。我一点兴趣都没有。

蒼　：はいはい。俺だって別にアキバ

小苍：好吧好吧。我又不是秋叶原系

系って訳じゃないんだけどね。うーん、どこ行こっかぁ。

結衣：そうねぇ。そうだ、そろそろミスコン始まるじゃん。それ、見に行こっ。

蒼　：いやいやぁ、俺の横にミスキャンいるから見なくても全然オッケー。

結衣：またぁ、そんなこと言っちゃって。なんかマジはずいんですけどぉ。もうー、えーっとね、ほらっ、このアイス、まいうよぉ。あーっ、あたし、てんぱっちゃってるじゃん。もう〜。

蒼　：ははっ、そういうとこが激カワ！結衣ちゃんの周りの男さぁ、きっとすぐ秒殺なんだろうなぁ。

結衣：やっだぁっ、落とそうと思ってんでしょ。蒼君ってさぁ、ぶっちゃけストライクゾーンといえばそうかもなんだけどぉ、ちょっとビミョーかな。

蒼　：げーっ、俺ってビミョーなのかよ。ほーら、ちゃんと見てよ。どこもカップルだらけでラブラブ

啦。嗯……去哪儿呢？

结衣：是啊。对了，选美大赛马上要开始了。去那儿看看吧。

小苍：不去不去，我身边又没有要参加选美的，不看也无所谓的。

结衣：又这么说。多不好意思啊。算了，嗯……那边，冰激凌好像不错哦。啊，我快来不及了。真是的。

小苍：哈哈哈，那里真够刺激的！结衣身旁的男生，一定会被秒杀的。

结衣：讨厌啦，要牢牢抓住对方的心哦。小苍君，总而言之，都是你喜欢的类型，差不多就可以。有点微妙啊。

小苍：啊。你说我奇怪？你好好看着，到处都是情侣甜蜜蜜的。那样的场合下，我去告白行吗？突然搞

じゃん。そういうことでさぁ、
俺、コクっちゃっていい？いき
なり路チュウとかさ？

街头拥吻什么的。

結衣：バーカッ、調子こくってんじゃ
ないの。ケリいれてデコピンく
らわすよ！

結衣：混蛋！你有点得意忘形吧？我可
要踢你弹你（脑门儿）啦！

潮爆地带
劲爆秀出流行口语

学祭

「学園祭」の略で、大学や短大、専門学校、高校・中学で
行われる学園祭・文化祭のこと（もともとは大学祭だけを
指す言葉であった）。地域によって多少の差はあるもの
の、学祭の多くは秋に催され、10月後半～11月を学祭シ
ーズンと呼ぶこともある。

「学園祭」的简称。大学和短期大学、专科学校、高中、初
中举行的学园祭、文化祭（原本只是指大学祭的词汇）。根
据地方不同会有略微差异。学园祭大多是在秋天举办。有时
也会将10月下旬～11月这段时间称之为学园祭季节。

メイド喫茶

女性店員がメイドのコスプレを行って接客する喫茶店。一
般的に「メイドカフェ」とも呼ばれるが、「メイドカフ
ェ」の名称はある会社が商標登録した。

女性店员扮作女仆接待客人的咖啡店。一般也称作「メイド
カフェ」，但「メイドカフェ」之名已被某公司注册。

73

コスプレ：「コスチュームプレー」の略。漫画・アニメ・コンピューターゲームなどの登場人物の衣装・ヘアスタイルなどをそっくりにまねて変装・変身すること。

「コスチュームプレー」的简称。模仿漫画、动画、电脑游戏等的出场人物的衣着、发型等的造型。

フリフリ

「フリ」は「フリル」（レースのフリルの場合が多い）の略。レースのフリルがたくさんついていること、その様子。

「フリ」是「フリル」（多表示蕾丝花边）的简称。意为"蕾丝饰边较多的样子"。

美奈：フリフリの靴下って意外にいいと思わない？

你不觉得蕾丝边的袜子会有令人惊喜的效果吗？

翔太：女の子ならスクソ、ルーソがいいと思うけど。

女生的话，我觉得还是学院风的短袜和宽松的短袜比较好看。

美奈：なんで？まさか洗濯に強いからとか？

为什么？不会是因为耐洗吧？

翔太：違うよっ！女子中高生みたいだからに決まってんじゃんっ。

不是啊！是觉得那样像女高中生。

美奈：えぇっ？変態翔太君とは今日で別れさせていただきまぁーす！

啊？请允许我今天就跟你这大变态一刀两断！

スクソ：「スクールソックス」の略。小中高通学用の靴下で、白や紺または黒のシンプルなものが多い（ワンポイントの柄がついている場合もある）。

「スクールソックス」的简称，指学院风格的短袜。小学、初中、高中统一的袜子，白色和藏蓝色或黑色这样素色的较多（也有带一点花纹的）。

ルーソ：「ルーズソックス」の略。ソックスの留め口にゴムを用いず、のりで素足に貼りつけたり、何もしないでだらしなく履くタイプの靴下。ルーズソックスを履いているのは、もっぱら女性であり、女子高生である。男性はもちろん、小学生以下の女子、高等学校などを卒業した後の女子のほとんどはルーズソックスを着用しない。他、「ルーズ」と略されたりもする。

「ルーズソックス」的简称，指宽松的短袜。袜子的收口处不带松紧，直接贴在脚上，或者是什么也不带，松沓地穿上的袜子。穿宽松的袜子的全部都是女性，女高中生。男性自不用说，小学生以下的女生或者是高中毕业的女生基本上都不穿宽松的短袜。此外，也可简称为「ルーズ」。

執事カフェ

ウエーターが執事の格好で迎えてくれるカフェ。本物の男性が執事として給仕をしてくれるところと、男装した執事役の女性が給仕をしてくれるところの2タイプがある。

服务员扮作管家迎宾的咖啡厅。有男性扮作管家提供服务以及穿男装的女性扮作管家提供服务两种类型。

腐女子

「婦女子」をもじった言葉で、男性の同性愛を描写した作品を好む人や自分の好みの男性同士（主にアニメのキャラ

クターやアイドルなど）の恋愛を妄想する趣向がある女性
のこと。また単にオタクの女性という意味でも使われる。

与「婦女子」谐音。指喜欢描写男同性恋的作品的人以及憧
憬与自己喜欢的男性（主要是动画角色或偶像等）恋爱的女
性。另外，也单指宅女。

オタク女子

オタクの女性。 宅女。

アキバ系

オタクのこと。アキバは東京の秋葉原をさす。

宅男。アキバ指东京秋叶原。

ミスコン

「ミスコンテスト」の略。日本の大学では、学園祭の催事
として実施される場合が多い。

「ミスコンテスト」的简称。意为"选美大赛"。在日本大
学中，一般由学园祭的主办方主持。

ミスキャン

「ミスコンテスト」の通称・総称。一部の大学におけるミ
スキャンは、女性タレントや女子アナウンサーへの登竜
門ともなっていることで知られる。

「ミスコンテスト」的俗称、总称。一些大学的选美大赛是
成为女演员以及女播音员的捷径。

全然オッケー

本来、「全然」は否定形と呼応する形で使われるものだ
が、「とても、非常に」という意味で肯定表現に使われ

ることも多くなった。肯定表現で使用される場合の多く
は「あなたが思っているのとは違って。意外に。」と言う
ニュアンスが含まれる。

「全然」原本是与否定形相呼应使用的，现在也多用于「と
ても、非常に」这样的肯定句中。在肯定句中使用的场合多
含有"与你所想不同，意外"这样的语气。

はずい

「恥ずかしい」の略。

「恥ずかしい」的简称，指羞愧，不好意思。

まいう

「旨い」「美味しい」の意味。倒語（＝ひっくり返して表
現するもの)の一つで、「うまい」がひっくり返ったもの
である。

相当于「旨い」「美味しい」，表示美味，好吃。是一种倒
语（即反过来表现)，是「うまい」反过来的表现形式。

てんぱる

焦って余裕がない状態になること。

时间紧张的状态。

激カワ

「激」＋「かわいい」の略。激とは「とても」「非常に」
といった意味の接頭語で「劇的に」「刺激的なほど」とい
った強い意味で使われる。

「激」＋「かわいい」的简称。「激」为表示"很""非
常"的接头词。强调其程度之深。

秒殺

出会った瞬間に恋に落とすこと。

一见钟情。

落とす

相手（異性）の心を掴み取り、自分にすっかりほれさせる。

紧紧抓住对方的心，为自己所吸引。

ぶっちゃけ

「打ち明ける」が崩れた「ぶっちゃける」を略したもので、言いにくいことを包み隠さず、端的に言ってしまうこと。さらに「要するに」「実のところ」「思うところ」「ここだけの話」といった軽い意味でも使われるようになっている。

表示"坦率地说出"的「ぶっちゃける」的简称，不藏着难以言表的语言，随性说出。有表示概括而一言以蔽之的意思。

ストライクゾーン

本来の意味は、野球でピッチャーが投げた球がストライクになる範囲のことであるが、そこから転じて、恋愛対象などが自分の範疇にあるのかどうかを表すときにも使用される。

原本的意思是在棒球比赛中，投手投出的好球的范围。由此演变成恋爱对象等是否在自己的范围内。

ラブラブ

お互いに深く愛し合っているさま。カップルで仲良し。

相互爱慕，用于情侣。

コクる

「告白する」の略。「告白する」と同様に好きな人に恋心を伝えることや、人に隠していたこと打ち明けることを意味するが、コクると使う場合は、前者の愛を告げるという意で使われる場合がほとんどである。

「告白する」的简称。与「告白する」意思相同，表示向喜欢的人传达爱意，也指坦率说出别人隐瞒之事。但「コクる」一般用于向别人表白的场合中。

路チュウ

「路上でチュウ」を略したもの（路上駐車を意味する同音異義語「路駐」のもじりでもある）で、路上でするキスを意味する。道路に限らず、駐車場や公園、駅など人の往来がある場所でのキスを含むが、この場合は路チュウ以外に露チュウという表記が使われることもある。

「路上でチュウ」的简称。（表示街上停车的意思的同音异义语「路駐」），意为"街头拥吻"。不仅限于街道，还指在停车场、公园、车站等人来人往的场所接吻。这时，除了「路チュウ」外，还可以用「露チュウ」表示。

調子こく

調子に乗ることや、調子に乗り過ぎた言動をすること。

指得意忘形或得意忘形的言行。

ケリ（を）いれる

キックで攻撃すること。 用力踢。

デコピン

おでこを指で弾く事。相手のおでこに向けて主に中指で弾いて攻撃する遊び・ゲーム。

弹脑门儿。用中指弹对方脑门儿的游戏。

10

1万円以内の
自由旅行も悪くない！

1万日元经费的自助游
也不错哦！

結衣の
膨れっ面って
おもしろーい。
写真撮ろ〜っと

（場面：夏休みの旅行中、列車内でおしゃべりしている）
（场景：暑假旅行中，在车里闲聊）

結衣：移動中って退屈だよ。

美奈：まったりしてるって思えばいいじゃん。

結衣：えーっ、もうムリムリ。プクろっかな。

美奈：ダーメ。車内禁煙。

結衣：もうーっ、しゃーない、メールしまくろっと。あれ？つながんないよ。あーっ、バリ０じゃんか。

美奈：しょうがないでしょ。1万円以内でって言ったの誰？新幹線だったらね、学割使っても余裕で1万ごえよ。

結衣：だって稼ぎたいけど学チカバイトって限られているんだもん。ペーパーだしさ…。はあ〜、嫌になる。

美奈：ド田舎だから車がないとねぇ。まあ、いいんじゃないの？こも

結衣：路上真无聊。

美奈：你当休闲度假就好了啊。

結衣：啊？不行了，不行了，我得抽一口。

美奈：不行啊！车内禁止吸烟的。

結衣：算了。没办法，发短信吧。啊？没信号？一个格（信号）都没有？

美奈：没辙了吧。是谁说的经费控制在1万日元以内的啊？乘新干线的话，就算买学生票，1万日元也还差得远呢。

結衣：想赚点钱嘛，可是学校附近打工的又那么少，我又是个挂牌司机……啊，真是烦啊。

美奈：偏僻的乡下嘛，没有汽车的。不过也挺好的嘛。不用窝在车里，

らないでちゃんと旅行してるんだし。あはっ、結衣ちゃんの膨れっ面っておもしろーい。写真撮ろ〜っと。

可以慢慢旅游啊。啊，结衣鼓着脸真有趣啊，照一张。

結衣：ちょっと、ちょっと。待ってよね。はい、いいよぉ。

結衣：喂，喂，等等。好了，照吧。

美奈：あー、しっかりカメラ目線じゃん。さっきみたいにしてみてよ。

美奈：啊，明显是看到摄像头的表情。像刚才那样。

結衣：やめてよぉ。わたしそんなタイプじゃないもん。

結衣：行啦！不要啦！我又不是那种类型。

美奈：えーっ、つまんな〜い。今度変顔したときすぐ撮るからね。

美奈：唉，无聊。下次搞怪时我马上就照下来。

結衣：こらこら、わたしをおもちゃにしないで！

結衣：喂，喂，不要拿我开心了。

潮爆地带

劲爆秀出流行口语

まったりする

のんびり落ち着いた気分でくつろぐ。だらだらする。他、食べ物に対して使う場合は、まろやかで口のなかで拡がっていく味のさまをいう。

身心放松，很悠闲的样子。用于食物时，指口感很好放在口中味道扩散的感觉。

山田：もう、やだやだ！毎日忙しくって嫌になる。仕事辞めたーいっ。

啊，真是烦死了。整天忙啊忙的，真是受不了，真想辞职。

北島：ダウンダウン、そんなにいらいらしないでよ。音楽でも聴いてまったりしようよ。

冷静冷静，不要这么焦躁嘛。听听音乐什么的放松放松吧。

山田：うん…、そうだね、ありがとう。じゃあ、コテコテ、まったりのココアでもいれるね。

嗯……也是啊，谢谢！来吧，喝一杯浓浓的可可茶也好啊。

プクる

たばこを吸って一服すること。　吸一口烟。

バリ0

「バリバリ」と「0本」から成る言葉で、バリバリは物事を勢いよく行うさま。0本は携帯電話の受信状況を示すアンテナの本数のこと。携帯電話のモニター内に記されたアンテナは、受信状況が良いときは3本全てが点灯し、悪いときは点灯本数が0本（圏外という文字が表示）になる。つまりバリ0とは携帯電話の電波受信状況が非常に悪く、通信出来ないことを意味する。

「バリバリ」与「0本」合成的词，「バリバリ」是指做事干劲十足。「0本」表示手机接收信号的信号格数量为0。手

83

机在信号接受到的范围内信号十足时为3个格，信号差时一个格都没有（用「圏外」表示）。「バリ0」即表示手机信号非常差，不能通讯。

学割

学生割引のこと。日本では、子供料金（一般的には大人料金の半額）が適用される小学生を除いて、中学生、高校生、大学生などを対象にした割引制度を学割と呼ぶことが多い。

指的是对学生优惠。在日本，儿童价格（成人价的一半）除了对小学生通用外，还有对初中生、高中生、大学生的打折制度。

学チカバイト

学校に近いアルバイト。

在学校附近打工。

ペーパー

「ペーパードライバー」の略。運転免許証を持っているだけで、実際には自動車を運転しない人。

「ペーパードライバー」的简称。虽持有驾驶执照，但实际上却并不开车的人。

こもる

部屋などにとじこもる。とじこもって、パソコンやゲームに熱中すること。

宅在家里。宅在家中上网打游戏。

田中：そんな毎日、こもってばかりいると正真正銘のコモラーになっちゃうよ。

这样整天宅在家里可就成了地地道道的御宅族啊。

北島：もう、やめてよ。そんなのになるわけないじゃん。

算了吧。不至于啊。

田中：いやいや、北島さんは最近インキャラになったと思うよ。

不是啦。是我感觉北島最近很忧郁啊。

北島：え？ほんとにそう見える？やばいなあ。

嗯？看起来是那样吗？那可惨了。

田中：そうだよ。ぼーっとこもってたらあっというまに浦島太郎になっちゃうんだから。

是啊。宅在家里发呆很快就会变成浦岛太郎的。

コモラー：「こもる」に人化する英接尾字「-er」をつけたもので、ひきこもる人（＝ひきこもり）を意味する。同義語にヒッキーがあるが、コモラーのほうが言葉の響きなどに柔らかさがある。

「こもる」后接英文中表示人称的接尾词"-er"，表示宅在家里的人。同义词还有「ヒッキー」，但「コモラー」比「ヒッキー」发音要轻柔。

インキャラ：「陰気」と「キャラクター」から成る合成語で、陰気な人や根暗な人という意味。他にも「インドア」と「キャラクター」

85

から成る合成語として、マンガを読んだりゲームをしたりして家で遊ぶことを好む人や、学校の休み時間におしゃべりしたりせず、自分の殻に閉じこもる人という意味でも使われる。

「陰気」与「キャラクター」的合成词。意为“不开朗的人”和“性格沉闷倔强的人”。另外，也是「インドア」与「キャラクター」的合成词，看漫画打游戏喜欢在家里玩儿的人，在学校休息时不与大家聊天，躲在自己的世界里的人。

浦島太郎：浦島説話の主人公である「浦島の子」の、御伽草子以降の呼び方。また、その伝説（漁師浦島は、ある日助けた亀の誘いで海中の竜宮に行き、乙姫の歓待を受ける。土産に玉手箱をもらって村に戻ると、地上ではすでに300年が過ぎていた。開けてはいけない玉手箱を開けてしまうと、白い煙とともに老翁となってしまう話）。この話をもとに、「浦島太郎になる」というと、「違うところにいて、いつのまにか激変していることに気づかない状態になる」ということを意味する。

指浦岛传说的主人公“浦岛之子”，是草子文学之后的称呼。另外，也指这个传说（浦岛是一名渔夫，一天他救了海里的一只神龟，神龟邀请他到龙宫一游。浦岛得到了龙女的款待。龙女赠送他一个玉盒，告诫不可以打开它，太郎回到村落，地上已经过了300年，太郎打开玉盒，瞬间冒出一缕白烟，太郎也变成了白胡子老翁）。基于这个故事演变而来的「浦島太郎になる」一词表示“在其他地方，没有发觉不知何时已发生巨大改变。”

カメラを意識して見る目。　看到相机镜头后的表情。

変な顔のこと。　奇怪的脸。

王さん：4年間ずっと日本のことばかりで生活して
たから…。戻って皆の話題についていける
かな。

4年来一直生活在日本，回去后能否插上大
家的话题呢。

李さん：そうね。きっと浦島太郎になっちゃうね。
今中国で流行のドラマや歌なんてさっぱ
り分かんないわ。

是啊，一定会成浦岛太郎的。现在中国流行
的电视剧和歌曲什么的都不知道啊。

王さん：芸能ニュースでもチェックしておこうか
な。

查查娱乐新闻什么的吧。

玩具のようにもてあそぶ。また、いいかげんにもてあそ
ぶ。相手をなぐさみものにする。

如同玩具一般把玩。也指随意戏弄。拿对方解闷。

11

ニートでネットカフェ難民になりたくない！

不想成为无所事事的网吧难民！

人生ぼちぼち
行こうぜ

いやー、そうは
言ってもいつ
かは勝ち組に入り
てぇな。上から目
線のやつらを
ぎゃふんと言わ
せてさ

（場面：大学４年生の翔太と蒼が就職活動、卒業研究についておしゃべりしている）

（场景：大四学生翔太与苍井正在聊求职、毕业论文的事）

蒼 ：卒研うまくやってる？

小苍：毕业研究顺利吗?

翔太：ばっちり！パワポもできた。

翔太：完美! 用了幻灯片。

蒼 ：鬼はやっ。俺、まだパンキョーの授業とってるしバイトもあるしよぉ。

小苍：真有速度。我还在边上必修课边打工呢。

翔太：といっても、お前って就職決まってんじゃん。内定長者だったって言うしい。俺なんかまだリクナビチェックの毎日だぜ。

翔太：虽说如此，你工作也定了啊。可以说是内定前辈啦。我还每天都在网上看求职信息呢。

蒼 ：お前、プーにならないようコネでも何でもうまく使えよ。まっ、就活は長期戦なんだしさ。それよか明日のことだよ。俺、中間発表の番。でもなんもしてねぇー！

小苍：你为了不成为无业游民，各方面关系都打点得很好啊。求职还是个长期战。还是说说明天的事儿吧。我有一个中期发表。但是还什么都没准备呢!

翔太：資料とカンペ、さくっと作ってさぁ、プレゼンもなんとかなるって。人生ぼちぼち行こうぜ。

翔太：资料啊，小纸条啊什么的好好准备一下啊。企划案也要好好做一个。向着你的人生目标前进吧!

蒼 ：いやー、そうは言ってもいつか

小苍：虽然那么说，但也不知道什么时

は勝ち組に入りてぇな。上から
目線のやつらをぎゃふんと言わ
せてさ。

翔太：それはマジ無理だろ。俺ら、下
に落ちないようにするのが先。
先輩でいるんだぜ。ニートでネッ
トカフェ難民やってんのが！

蒼　：げーっ、マジかよ！絶対落ちな
いようにがんばろうぜ。という
ことでさぁ、パワポのテンプレ
くれない？

翔太：お前って調子いいよなぁ…。

候能成功啊。被那些高高在上的
人暴说一顿。

翔太：那些都不要去理会啦。我们为了
不至于落后所以要前进。我们是
前辈啊。不好好干活不就成了那
些无所事事的网吧难民了吗？

小苍：真的假的！为了不落下一定要努
力啊！话说回来，有没有幻灯片
的模板啊？

翔太：干劲十足嘛！

卒研　「卒業研究」（大学及び高等専門学校に所属する主に最
終学年の学生が、その最終学年の一年間を通しておこな
う研究）の略。卒研の成果として提出する論文は卒業論
文であり、その略は「卒論」。

「卒業研究」（大学及高专最后一学年的学生，利用最后一
年的时间进行的研究）的简称。意为"毕业研究"。毕业研
究的成果是提交的论文，将其称之为「卒論」。

パワポ

「パワーポイント」の略。

「パワーポイント」的简称。意为"幻灯片"。

鬼

とても、甚だしく。「すげぇ」「やべぇ」など形容詞に接頭し、意味を強める。

很，非常。接在「すげぇ」「やべぇ」等形容词前，强调其意义。

パンキョー

「一般教養科目」または「一般教育科目」の略。「パンキョー」は大学の講義の中で全ての学科生を対象とした科目のことである。

「一般教養科目」或「一般教育科目」的简称。「パンキョー」是指在大学讲义中，面向所有学生的科目。

内定長者

就職活動を受けた結果、複数の企業から内定をもらった大学生。

经过求职得到很多企业内定的大学生。

リクナビ

「株式会社リクルート」が運営する学生のための就活・就職情報サイト。

「株式会社リクルート」运行的为学生提供就业、求职信息的网站。

プー

「プータロー」の略。一般的には無職でぷらぷらしている人や遊んでばかりいるために進学及び進級出来ずにいる浪人生、大学の留年生を意味する。また「プーする」とは、社会人になっても定職に就かず、プラプラするという意味で使う。

「プータロー」的简称。一般指无业游民整天晃晃悠悠或因玩乐导致不能升学或晋级的落榜生、大学里的留级生。另外，「プーする」是指步入社会后也无固定职业、游手好闲的人。

コネ

関係・縁故といった意味の英語connection（コネクション）の略で、就職・進学・出世などで影響力があり、便宜をはかってもらえるような人・組織、または客として、情報源として利益をもたらしてくれるような人・組織・業界との親密な関係のこと。

表示关系、因缘的英文单词"connection"（コネクション）的简称，指在就职、升学、升职中凭借其影响力谋求利益的个人或组织，另外，表示与能够带来利益的客人、信息源等个人、组织有亲密关系。

就活

「就職活動」の略。
「就職活動」的简称。意为"求职"。

結衣：美奈ってさ、就活始まって幸せオーラ出てない？リクラブしてるんでしょ。

求职开始后就有一种幸福感啊。求职恋爱吧?

美奈：あれ？バレバレ？

啊？露馅了露馅了。

結衣：恋してまーすって顔に書いてあるもん。

你的脸上写着"恋爱中"呢。

美奈：あはっ。結衣はさぁ、カレぼでーすって顔に書いてあるよね。

哈哈，结衣想找男朋友的心情都写在脸上呢。

結衣：一言多い！

多嘴。

幸せオーラ：内面から出てくるキラキラした幸福感や喜びの気やエネルギー。

由内心散发的幸福感和喜悦的心情。

リクラブ：リク（ルート）＋ラブ。つまり、リクルート（＝就職活動）で芽生えた恋、就職活動がきっかけの恋愛を意味する。

リク（ルート）＋ラブ。也就是说，在招聘中产生的恋情。

バレバレ：俗語「ばれる」の畳語（＝同じ音を繰り返す言葉で、意味を強調するために畳語にすることが多い）。当人は隠しているつもりでも周りはそれに完全に気付いているさまを表す。他者が揶揄する際に使うことが多いが、当人が自分の隠し方が下手で、恐らくばれているであろう状況を自嘲する際に使うこともある。

俗語「ばれる」的叠加语（＝相同发音的词叠在一起多数情况下表示强调。）表示当事人本打算隐瞒，但身边人其实早已发现。

多数是他人在讽刺时使用，有时也用于当事人表达自己隐瞒方式拙劣，大概已被发现时的自嘲。

カレぼ:「彼氏募集中」の略。また、カノぼとは「彼女募集中」の略。

「彼氏募集中」的简称。意为"男朋友招募中"。另外，「カノぼ」即「彼女募集中」的简称。意为"女朋友招募中"

顔に書いてある: 言わなくても、気持ちや考えが顔色、表情から読み取れる。

即使不说，心情和想法也通过脸色、表情可以读出来。

それよか

「それよりか」の短縮形。

「それよりか」的缩略形式。意为"比起那个……"。

カンペ

「カンニングペーパー」の略。試験のときのカンニングペーパーもあるが、スピーチやカラオケのときに隠し持つ（手のひらに収まるサイズが多い）メモも指す。またテレビ番組で司会者などが出演者に台本内容や構成を掲示するための紙（主にスケッチブック）のことも「カンペ」と呼ぶ。

「カンニングペーパー」的简称。考试时打的小抄，在演讲或卡拉OK时做的藏在手里（手心能放得下的大小）的便签。另外，在电视节目中，提示主持人等演出人员台词和出场顺序的纸（主要是写生本）称之为「カンペ」。

気持ちよく、軽めに、手際よく。

心情很好，轻轻地，做法漂亮。

翔太：あと、皿かたしといてくれよ。

一会儿，收拾餐具哦。

蒼　：えーっ、俺一人、片付け役？

啊？就我一个人收拾吗？

翔太：さくっとでいいから。さくっと。ねっ、頼んだわよぉ。うふふ、蒼君って家事してくれるなんてステキ！

你收拾的好嘛。收拾得利索。拜托咯。嘻嘻，小苍君做家务最棒啦！

蒼　：おいおい〜っ。頼むときはお姉系かよ！

喂喂，求我的时候怎么像个女的？

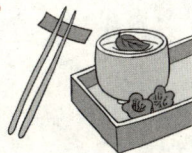

お姉系：仕草や立ち振る舞い、言葉遣いが女性のような男性のこと。他に、「ギャル系」のファッションをしている層より年上風のファッションスタイルという意味もある。

言谈举止都很像女人的男性。也指比年轻女孩的打扮稍成熟的装扮。

「プレゼンテーション」の略。

「プレゼンテーション」的简称。意为"企划案""发表"。

① 「そろそろ」という意味で、時間や量などが適度な頃合いになろうとするときに使われる言葉。

② 「のんびり」「少しずつ」「焦らずに」といった意味で主に行動・動作・作業に対して使われる言葉である。本文の会話では②の意味で使われている。

③ 仕事や商売、景気が「まあまあ」「そこそこ」の状態であることを意味する言葉。関西エリアで使われる言い回し。

① 相当于「そろそろ」，形容时间和数量马上达到适当的时候。意为"马上就要……"。

② 类似于「のんびり」「少しずつ」「焦らずに」，主要用于行为、动作、工作中。

本文中的会话为第二种意思。

③ 工作、生意、经济等马马虎虎的状态，相当于「まあまあ」「そこそこ」。关西语。

経済的に成功し社会的地位・信頼を勝ち得ている企業や個人のこと。一般に、多額の資産や巨大な名声を手に入れた実業家や投資家等の富裕層、あるいはその様な企業や何らかの活動グループを指して使う。

経济上成功，赢得社会地位、赢得别人信任的企业或个人。

一般指拥有高额资产和显赫声名的企业家、投资家等上层人士。或指这样的企业以及举办的相关活动。

上から目線

自分を上位とみなし、相手を見下す言動をさす。「上から」と略して使われることも多い。尊大な態度をとったり、何かを決め付けてけなしたり、指示や命令をしたり、恩を着せるようなことをいうなどがそれにあたる。

高姿态藐视对方的言行。使用时大多简化成「上から」。傲慢的态度，贬低别人，下达命令，让别人感激等。

ぎゃふん

言いこめられて一言も返せないさま、圧倒されてぐうの音も出ないさまを表わす語。

被人指责却一句也不还口，表示被人说得哑口无言的状态。

ニート

仕事につかず、就学もせず、就労のための訓練も受けていない人のこと。「Not in Employment, Education or Training」の略NEET。

不工作、不上学、不接受任何关于工作学习的培训。即"Not in Employment, Education or Training"的简称"NEET"。

ネットカフェ難民

インターネットカフェを宿代わりにしている人のこと。日雇い労働（派遣）の雇用形態で働く若者に多く見られる。

通宵上网的人。大多为做短工的年轻人。

テンプレ

「テンプレート」（template）の略。

「テンプレート」（template）的简称。意为"样板""模板"。

12

占いにタツ年の女性は
モテ期って書いてあったの！

卦上说今年属龙的女生
会有桃花运哦！

うん！チェ
ンジした。
これからは
きれかじ

へぇーっ、
結衣ってガチ
ユニクラーだった
よねぇ。つーか、
なんかあったぁ？

（場面：結衣と美奈が冬休み明けについておしゃべりしている）

（场景：结衣与美奈在聊寒假开学后的事）

結衣：あけおめー。ことよろー。

结衣：新年快乐！今年请多关照！

美奈：あけおめねー！なーんか、結衣って変わった？

美奈：新年快乐！觉得结衣有变化啊。

結衣：うん！チェンジした。これからはきれかじ。

结衣：嗯。改变风格啦。以后走华丽路线。

美奈：へえーっ、結衣ってガチユニクラーだったよねぇ。つーか、なんかあったぁ？

美奈：咦？结衣你是地道的休闲风格啊！这是怎么了？

結衣：占いにね、タツ年の女性はモテ期って書いてあったんだ。あたしらのラッキーアイテムはキレカジファッションだってさ。

结衣：我卜了一卦，书上说今年属龙的女性会有桃花运哦，华丽的装饰可以给我带来幸运。

美奈：へえーっ。でもそう言ってる割にはアクセ全然じゃん。

美奈：你虽然那么说，却一点儿装饰品也没带啊。

結衣：いいのっ、だってまだ始めたばかりだし。ほらね、デコ電もしてみたんだ、見て見て！

结衣：不是啦，是刚刚开始嘛。看啊，我在尝试使用这种装饰的手机呢，看看。

美奈：うわぁ、ゆるキャラのストラップじゃらじゃらじゃん。コーデもっと勉強しなよぉ。

美奈：哇，稀里哗啦的卡通吉祥物啊。搭配方面还要再学习学习哦。

結衣：もぉー、なによ。ファーしっぽ
　　　つけたしゃかパン女（おんな）に言（い）われた
　　　くないよっ！

美奈：うーん、じゃ、食（た）べにいこっ
　　　か！

結衣：えっ？あっ、そうそう、今年（ことし）の
　　　ラッキーフードはソバとうどん
　　　だって。

美奈：じゃ、ケンタにしよっ！

結衣：え？え？話（はなし）マジかみあってない
　　　じゃん。頭（あたま）んなか、チキンでいっ
　　　ぱいなんでしょっ！

結衣：什么啊！我可不想被挂着吊坠，
　　　穿着防寒服的女生这么说。

美奈：嗯！那么，去吃饭吧！

結衣：啊？哦，对对，说是我今年的幸
　　　运食物是荞麦面和乌龙面。

美奈：走吧！去肯德基吧！

結衣：啊？啊？怎么完全没对上我说的
　　　话啊！你满脑袋净想着鸡肉吗？

潮爆地带

劲爆秀出流行口语

あけおめ

「あけましておめでとう」「あけましておめでとうございます」の略（りゃく）。

「あけましておめでとう」「あけましておめでとうございます」简称。意为"新年快乐"。

ことよろ

「今年（ことし）もよろしく」の略（りゃく）。

「今年もよろしく」简称。意为"今年请多关照"。

ガチ

「ガチンコ」の略、でもともとは「真剣勝負」を意味したが、「ガチに」「ガチで」といった形で単に「真剣に」「真面目に（マジで）」といった意味でも使われるようになっている。

「ガチンコ」的简称。本意为"真刀真枪的比赛"，而以「ガチに」「ガチで」的形式则用来表示"认真地"这类意思。

ユニクラー

衣料品専門の「株式会社ユニクロ（UNIQLO）」に英語で「～する人」という意味にする接尾語「-er」をつけたもの。ユニクロの服を着こなす人やユニクロの服を着る人を意味する。また隠れユニは、周囲にユニクロの服とバレないように着こなすこと。他にも、シャネルを身につける人を「シャネラー」、ルイ・ヴィトンを身につける人を「ヴィトラー」と呼んでいる。

服装专卖店「ユニクロ」（优衣库）后接英语中表示行为主体的接尾词"-er"，其意为适合穿优衣库品牌的人和身穿优衣库品牌服装的人。另外，「隠れユニ」是指不被周围人看出是在穿优衣库的穿得很合适的人。另外，穿香奈儿品牌的人叫「シャネラー」，穿路易威登品牌的人称之为「ヴィトラー」。

結衣：今日、ユニクラー状態。

今天，我是优衣库风格。

美奈：あたしもよ。隠れユニしてるだけ。

我也是。只是看不出是优衣库品牌。

結衣：シャネラーよりユニクラーよね。不況なんだ
しさ。

比起香奈儿风格还是优衣库啊。时下不景气嘛。

美奈：そうそう、いい奥さんになるための訓練して
ると思えばねぇ。

是啊，是啊，当成是成为好妻子的一个培训吧。

結衣：えーっ、それとこれは別よ。いい奥さんより
いい夫が肝心じゃん。ブランドたくさん買っ
てくれてなきゃ。

咦？两码事。比起成为好妻子还是好丈夫更重
要。必须能买很多名牌给我们。

美奈：うん、そうだね。みつぐ君、探そぉ〜。

嗯，是啊。找个能养你的老公吧。

みつぐ君：好きな女性に金品や品物などをせっせと貢ぐ男性のこと。バブル
の産物的言葉であり不況時代はほぼ使われない。

给喜欢的女人送贵重物品和礼物的男性。是泡沫经济时代的语言，
在不景气的时代很少使用。

ユニバレ:「ユニクロ」＋「ばれる」の造語。身につけている服が
ユニクロの商品であると周りの人に気付かれることを意味す
る。ユニクロブランドのカジュアルな服には安価というイメ
ージがあり、ユニバレを恥ずかしいと思う人もいる。

「ユニクロ」＋「ばれる」的合成词。指被身边的人发现自己
身上穿的是优衣库品牌。优衣库休闲装给人一种便宜的感觉，
有人会因为穿便宜的衣服感到难为情。

つーか／っつーか

「と言いますか」が崩れた「って言うか」が更に崩れたも
の。相手の発言に対し、言い換えたり、反論する際に文頭
に付けて使用する。さらに反論だけでなく、自分が話した
内容を強め、畳み込むように言う際にも用いられる。また
発言を切り出す時にも文頭に付けて使用する（この場合、
つーか自体は特に意味を持たない）。

「と言いますか」简化后的「って言うか」再简化的词。相
对于对方的发言，表达相反论调时的开头语。不仅是表达相
反意见，也强调自己所表达的内容，用于说出强调的语言。
用于发言开头（这种场合下，つーか不具备特别含义）。

翔太：お前さ、飯、マジ食いすぎっ！つーか、人間じゃねぇーよ。

你啊，可真够能吃的！是正常人吗？

蒼　：そっかぁ？あと５杯いけるぜ。つーか、大盛りラーメン食いたくなってきた。

啊？还能再吃5碗呢！我还想吃大份拉面呢！

翔太：お前の胃って宇宙だよな。

你的胃是宇宙吗？

モテ期

人生において、急に異性からもてる時期のこと。モテ期は、人生で3回訪れると言われるが、それに対する根拠はない。

人生中，突然受异性喜欢的时期（走"桃花运"）。据说人的一生中会有三次这样的时期，但没有相关依据。

ラッキーアイテム

「ラッキー（lucky）」＋「アイテム(item)」。幸運を呼ぶといわれるちょっとした物品。

「ラッキー（lucky）」与「アイテム(item)」的合成词，表示能带来好运的物品。

きれかじ

「きれいめカジュアル」の略。服装自体はデニムとTシャツといったカジュアルなものだが、そこに豪華なアクセサリーをつけたり、化粧をしっかり綺麗にするといったファッションスタイルのこと。

「きれいめカジュアル」的简称。服装是牛仔布和T恤衫的休闲装。却佩戴华丽的饰品，化浓妆把自己打扮得很时尚。

アクセ

「アクセサリー」の略。

「アクセサリー」的简称。意为"饰品"。

デコ電

「デコレーション携帯電話」の略で、ビーズやライトストーンを貼ったり、ペイント更には彫刻といった装飾が施された携帯電話のこと。

「デコレーション携帯電話」的简称。意为"装饰手机"。以贴串珠、水钻、彩绘甚至是雕刻等来装饰的手机。

ゆるキャラ

「ゆるいマスコットキャラクター」の略。イベント、各種キャンペーン、村おこし、名産品の紹介などのような地域全般の情報PR、企業・団体のコーポレートアイデンティティなどに使用するマスコットキャラクターのことである。そういったかわいらしいイラスト一般をさすこともある。また、狭義の意味においては、対象が国や地方公共団体、その他の公共機関等のマスコットキャラクターで着ぐるみ化されているものを指す。

「ゆるいマスコットキャラクター」的简称。宣传、各种开业活动、发展地区经济、特产介绍等地区信息宣传、企业及团体中的法人团体等使用的卡通吉祥物。类似可爱的插图。从狭义上来讲，指国家、地方公共团体或其他公共机关的吉祥物。

コーデ

「コーディネイト」（coordinate）の略で、意味はコーディネイト同様、服装の色合いや素材、デザインなど、それぞれを釣り合いがとれるように組み合わせていくことをいう。もともとはファッション業界で使われていた言葉だが、後に若者を中心に広く普及。服装以外にも雑貨や家具など、さまざまな物を対象にコーデというようになる。動

詞として使う場合は「コーデする」となる。

「コーディネイト」（coordinate）的简称。意思是使服装的颜色、材料、设计等各自协调搭配。原本是在时装界使用的词，后来在年轻人中推广。除服装外，也用于使日用品、家具等各类物品相搭配的场合中。作为动词用时为「コーデする」。

ファーしっぽ

「毛皮（fur）」でできたしっぽ状の飾り。腰あたりやかばんにつけることが多い。

用「毛皮（fur）」制成的尾状的饰物。多挂于腰际或背包。

しゃかパン

スポーツをするときに履く防寒用のナイロンパンツやウィンドウブレイカーのパンツのこと。歩いたり走ったりしたときに「シャカシャカ」と音がすることから。

运动时穿的防寒运动服和防风衣。走路或跑步时会发出"吱吱"的声音，因此而得名。

ラッキーフード

「ラッキー（lucky）」＋「フード(food)」。幸運をもたらす食べ物、食事。

「ラッキー（lucky）」与「フード(food)」的合成词。意为"能带来幸运的食物、宴席"。

ケンタ

KFC「ケンタッキーフライドチキン」の略。地域によっては「ケンチキ」とも言う。

KFC「ケンタッキーフライドチキン」的简称。有些地方也称「ケンチキ」。意为"肯德基"。

13

もう歌い続けられないわ、美咲も呼んでオケよう！

不能继续唱下去了，叫美咲一起来K歌吧！

やった！
じゃあ、
待ってるね〜

はいはい、
行くってば

（場面：カラオケでおしゃべりしている）
（场景：在卡拉OK中聊天）

美奈：ふうーっ、はっちゃけすぎたぁ！
　　　もうだめ、これ以上歌えなぁ
　　　ーい。

美奈：啊！有点兴奋过头了啊。不行
　　　了，不能再唱下去了。

結衣：わたしも～。じゃあ他のカラ友
　　　呼ぼうか。二人だけだとさすが
　　　に疲れるぅ。

結衣：我也是。那么，再叫上其他的歌
　　　友吧。就我们俩唱确实很累啊。

（友達に電話をかけて）
（给朋友打电话）

結衣：へへ～、こっちはカラアゲだ
　　　よ～。美咲もオケようよ。

結衣：我们正唱歌呢，美咲也来吧。

美咲：えーっ、今から？どうしよっか
　　　なぁ。ヒトカラしてんの？

美咲：啊？现在就去吗？怎么办好呢。
　　　你一个人唱呢吗？

結衣：ううん、美奈もいるよ。

結衣：没有啦，美奈也在。

美咲：でもさ、この時間もうバスない
　　　でしょ。

美咲：不过，这个时间都没公交车了
　　　啊。

結衣：ちょっと待って。今、美奈がス
　　　マホで調べてる。

結衣：稍等一下，美奈用手机查一下。

美咲：へえー、スマホ買ったんだ。い
　　　いなぁ…

美咲：哇，买智能手机了啊。真好啊。

結衣：ええとね、バス、深夜1時まで

結衣：嗯……公交车一直到夜里1点

あるってさ。余裕、余裕。

美咲：はいはい、行くってば。

結衣：やった！じゃあ、待ってるね。

（電話をかけ終わって）

結衣：よかった、美咲が来たらまた楽しいね～。かぶりものして脅かしちゃおうよ。盛り上げグッズ、いっぱいあるし。

美奈：うんうん。これ、タイガーマスクだね。あははっ、今話題だよねぇ。

結衣：ほら、かぶって、かぶって！メガワロスー。

美奈：もうっ、だめだめ！エクステいっぱいしてるんだもん。そんなのかぶったら乱れちゃう。

結衣：えぇ？美奈の髪って単なるチリ毛かと思ってた。

美奈：違う～！毎週ヘアーサロンに通って、カリスマ美容師にやってもらってんのよ！

結衣：うそ？これで？とてもそうは見えないけどなあ。その話を美咲にしたほうがガチサプライズだね！

呢。来得及，来得及。

美咲：好的，好的，这就去。

结衣：太好了，那我们等你哦。

（挂了电话）

结衣：太好了，美咲来了我们继续哦。我们戴上面具吓吓她吧。有这么多烘托气氛的小玩意呢。

美奈：嗯嗯，老虎面具啊。现在超流行呢。

结衣：戴上，戴上，超级搞笑。

美奈：算了，不要啦！有假发呢。戴上的话会乱的。

结衣：我以为美奈的头发是自来卷呢。

美奈：不是啦！每周去美发厅！请超级美发师为我打造的。

结衣：不是吧？就这个？没看出来啊。跟美咲说绝对会让她惊讶的！

はっちゃける

日常生活の嫌なことやイライラを忘れ、思いっきりはしゃぐこと。

忘掉生活中的烦恼和不愉快，尽情欢笑。

カラ友

「カラオケ友達」の略。一緒にカラオケをする仲間。

「カラオケ友達」的简称。意为"歌友"。一起唱歌的朋友。

カラアゲ

①空元気だがテンションを上げるさま。

②カラオケに行って、テンションを上げるさま。本文会話では②の意味で使われている。

①虚张声势、制造紧张空气。

②去唱卡拉ok，制造气氛。本文会话中为第二个意思。

オケる

カラオケの略「オケ」に、動詞化する接尾辞「る」をつけたもので、カラオケに行くことを意味する。他「オケする」という言い方もある。但し、「オケする」と言う場合、「オケ」は「オーケストラ」の略、すなわち「オーケストラで演奏する」という意味にもなることもある。

在カラオケ的略语「オケ」后接动词词尾「る」，表示去唱

卡拉OK。另外还有「オケする」的说法。但是，使用「オケする」时，「オケ」为「オーケストラ」的简称。即"用乐器演奏"的意思。

ヒトカラ

「一人カラオケ」の略。ストレス発散、歌の練習、人前で歌うのは苦手だという理由で一人でカラオケをする。また、ヒトカラする人をヒトカラーという。

「一人カラオケ」的简称，表示一个人唱歌。释放压力，练歌、在众人面前唱歌不好听所以一个人去唱。另外，将独自唱歌的人称为「ヒトカラー」。

スマホ

「スマートフォン」の略。

「スマートフォン」的简称。意为"智能手机"。

かぶりもの

①頭にかぶるものの総称。帽子・笠・頭巾や手ぬぐいなど。
②怪物や有名人など、さまざまなものに似せて作り、忘年会・パーティーの余興、テレビ番組などでかぶって楽しむ帽子やマスク。
本文会話では②の意味で使われている。

①在头上戴的一切物品的总称。帽子、斗笠、头巾、方巾等。
②扮作怪物、名人等各种样子，在联欢会、派对中作为助兴表演以及电视节目中戴的帽子和面具。
本文会话中为第二个意思。

タイガーマスク

①プロレス漫画、アニメに出てくる主人公の名前。
②実在プロレスラーの名前。

ここでは、①の意味で使われている。

①职业摔跤表演漫画、动漫中出场的主人公的名字。
②现实中的职业摔跤手的名字。

本文会话中为第一个意思。

メガワロス

「メガ」は「とても」の意味。「ワロス」は「笑った」、「笑えた」の意味。「メガ」より「ギガ」、「ギガ」より「テラ」と、単位が大きいほど「よりおかしかった、より笑えた」ことを表現する。もともとは「笑った」の促音「っ」を抜いて「ワラタ」と表現されるようになり、それが次第に「ワロタ」「ワロス」と変化していった。

「メガ」意同「とても」，表示"很、非常"。「ワロス」意同「笑った」「笑えた」，表示"笑了"。比「メガ」程度更高的是「ギガ」，比「ギガ」程度更高的是「テラ」，表示程度很高时说「よりおかしかった、より笑えた」。将「笑った」的促音「っ」去掉后成为「ワラタ」，而后逐渐演变为「ワロタ」「ワロス」。

エクステ

「ヘアーエクステンション」の略。化学繊維や人毛で作られた毛束であり、付け毛・部分かつらの一種である。地毛に接続して装着する。

「ヘアーエクステンション」的简称。意为"接发"。用化学纤维或真人的头发做的假发。接发或一部分假发。接在真发上的。

チリ毛

チリチリと縮（ちぢ）れた癖毛（くせげ）、天然（てんねん）パーマのこと。

卷发、自来卷。

カリスマ

一般大衆（いっぱんたいしゅう）を魅了（みりょう）するような資質（ししつ）や技能（ぎのう）を持（も）った人気者（にんきもの）、あこがれの対象（たいしょう）者（しゃ）を指（さ）していう。カリスマ美容師（びようし）は、技術（ぎじゅつ）力（りょく）、デザイン力（りょく）が高（たか）く評価（ひょうか）されており、見（み）た目（め）もよく、精（せい）神的（しんてき）にも顧客（こきゃく）を満足（まんぞく）させられる美容師（びようし）のこと。その他（ほか）、カリスマ教師（きょうし）、カリスマ主婦（しゅふ）、カリスマモデル、カリスマ店（てん）員（いん）、カリスマホスト等（など）がある。

拥有能迷倒一般大众的气质和能力的受欢迎的人。指令人憧憬的人。人气美容师是在技术、设计方面获得好评，外表靓丽，内涵也让顾客满意的美容师。除此之外，还有人气教师、人气主妇、人气模特、人气店员、人气邮递员等。

美奈：笈川先生（おいかわせんせい）って知（し）ってる？

你认识笈川老师吗？

結衣：知（し）ってる！カリスマ教師（きょうし）でしょ。

认识！人气教师嘛。

美奈：そうそう、スピーチ指導（しどう）の鬼（おに）なんだって。

是啊，说是演讲指导大师。

結衣：わたしもなんかカリスマ欲（ほ）しいなぁ。カリスマスピーチ学生（がくせい）かなぁ。

我也想成为人气王啊。人气演讲学生吧。

美奈：うーん、いいね。わたしはー、カリスマドラ
マ好き、カリスマ山Pファン…カリスマ恋活
女子とか？

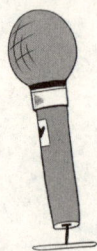

嗯，不错噢。我是超级电视剧迷，超级山P
迷……超级恋爱女子？

結衣：はは、何それ〜。カリスマってつければいい
もんじゃないってば。

啊，什么啊。不是只加一个超级就可以的啊。

山P: 日本の人気アイドル「山下智久」のニックネーム。

日本人气偶像"山下智久"的昵称。

恋活：「恋愛活動」の略。就職活動の「就活」や結婚活動の「婚活」に見
立てて生まれた言葉。

「恋愛活動」的简称。随之产生「就職活動」的简称「就活」以及「結
婚活動」的简称「婚活」。

サプライズ

驚かせること。また、驚き。

使人震惊。惊吓。

翔太：どうかしたの？なんか考えてばかりだね。

怎么了？想什么呢？

美奈：バレンタインにサプライズプレゼントしようと
思ってるんだけどね。何していいか分かんなく
て悩んじゃう。

我在想情人节选个惊喜的礼物吧。正愁不知道该选什么好呢。

翔太：手編みのマフラーとかいいんじゃない？

手织的围巾什么的不好吗?

美奈：うんうん、きっとびっくりするね。それに決めた！

嗯，嗯，一定很惊喜！就选它了!

翔太：でも、それって俺にくれるんだよね？

不过，那是送给我的吧?

14

新入生のKY語って
マジ分かんないね！

大一女生的ＫＹ语真是难懂！

あたしら肌の曲
がり角だもん。
これからエス
テでもいこっかぁ。
お試しクーポン
持ってるんだ

うん。
行く行く！
戦闘開始〜

（場面：新入生についておしゃべりしている)

（场景：正在讨论新生）

結衣：ねぇ、今年の新入生女子って、KZじゃない？

結衣：你不觉得今年的大一女生难以捉摸吗？

美奈：うん、何考えてんだか分かんない。若者言葉ばっかでIW。

美奈：嗯，不知道在想什么呢。用年轻人的话说就是无法理解。

美咲：そうそうHTって思ったぁ。

美咲：对对，我觉得是难以理解。

結衣：それって人のこといえないじゃん。でもなんかさぁー、JKみたいな感じでいいよね。それにフツーにCCじゃん。

結衣：那就是不说人话吗？不过话说回来啊，像高中女生的感觉就好了啊。那就可爱了。

美奈：そうそう、なーんか、顔も生足も光ってたよ。あたしら完璧FKしないとマジやばい～。

美奈：是啊是啊，脸啊，脚啊都是光滑的。我们要是不好好地涂一层粉底可惨了。

結衣：うん、プリマジ以外、写真撮る気しないもん。

結衣：嗯，除非是拍艺术照，否则都没有心情照相呢。

美奈：あーっ、あたしら肌の曲がり角だもん。これからエステでもいこっかぁ。お試しクーポン持ってるんだ。

美奈：是啊，我现在是肌肤转型期。一会儿去美容院吧。带着体验券呢。

結衣：うん、行く行く！戦闘開始～！

結衣：走吧走吧，战斗开始!

美咲：なんでなんで？50年たてば皆おばあちゃんじゃん。そしたら2歳も3歳も変わんないよぉ。無駄な抵抗だってば。

美奈：うっ、ドン引きー！それ言っちゃって、KBだよ…。

結衣：せっかくアゲアゲムードだったのに。

美奈：すっかりTD。

美咲：为什么啊？过了50年后，大家都会变成老太太的。那样，都差不了两三岁的。不要做无用功啦。

美奈：真扫兴！你这么说真是破坏气氛啊。

结衣：好容易才这么有心情。

美奈：真是降到极点了。

潮爆地带

劲爆秀出流行口语

KZ

「Karami Zurai 絡みづらい」
① （ブログなどに書き込まれた）内容が取っ付きにくく、感想やコメントを残しづらい。
②話かけづらい。
本文会話では②の意味で使われている。他、KD「絡むのだるい」、KN「絡みにくい」、KDDI「絡むのだるいから嫌」など。

全称「Karami Zurai 絡みづらい」。其意如下：
① （在博客中写的）不明白内容，很难留下感想和评论。
②很难交流。
本文会话中为第二个意思。此外，KD表示「絡むのだるい」，意为"胡搅蛮缠"、KN表示「絡みにくい」，意为"不熟"、KDDI表示「絡むのだるいから嫌」，意为"不喜欢胡搅蛮缠"。

IW

「Imi　Wakaranai　意味分からない」。

①相手の言うことが不可解で理解できない。

②（知識や素養が不足しているため）話題の内容が理解できない。

③不条理な相手に対して意図や趣旨が理解できない。この場合、実際に意味が分からないわけではないが、不満の意を表明、言い放すように使う。

全称为「Imi　Wakaranai　意味分からない」。其意如下：

①对方说的话无法理解。

②（知识和素养不够）所以对谈话内容无法理解。

③对于不合逻辑的对方谈话的内容无法理解。这种场合下，并不是真的无法理解内容，而是表达不满。

HT

「Hanashi　Tuiteikenai　話ついていけない」

①（理解するための知識が素養が足りないために）会話の内容が理解できない。この場合、少し自嘲の気持ちを込めて使う。

②（話題に興味がもてないなどの理由で）会話に付き合う気持ちが起きない。この場合、話し相手を敬遠する気持ちを込めて使う。

全称为「Hanashi　Tuiteikenai　話ついていけない」。其意如下：

①（因为知识和素养达不到理解的程度）所以无法理解。这时多用于自嘲。

②（对话题不感兴趣等时的理由）没有谈话的兴致，这种场合下，包含疏远对方的心情之意。

翔太：俺、高校んとき、MMKだったんだぜ。ラブレターなんてバンバンもらってさ。

我高中时，与好几个女生交往，真是麻烦啊。情人节什么的完全没办法应付了啊。

結衣：なにそれ、HT。鏡見てよ、DFのくせしてさぁ。

什么啊。我不感兴趣。照照镜子吧，长得不怎么样（还那么说）。

翔太：お前の言うこと相当きついよね。だから彼氏いない暦20年なんだよ。

你说话可真是过分啊。所以你20多年都没交到男朋友吧。

結衣：もぉっ、きつすぎ！

你！太过分了！

MMK：「もててもてて困る」恋愛感情の伴う異性からのアプローチが同時に複数発生し、対処に苦慮すること。多くの場合、実際困るというより自慢するニュアンスで使われる。

全称为「もててもてて困る」。表示多个爱慕者同时接近自己，苦于无法应付。多数场合下，比起实际难以应付更强调炫耀。

DF：「don't mind face ドンマイフェイス」顔がよくない。

全称为"don't mind face ドンマイフェイス"。意为"长得不怎么体面"。

「女子高校生」。他、JC「女子中学生」、JD「女子大学
生」、DC「男子中学生」、DK「男子高校生」。

全称为「女子高校生」，意为"高中女生"。另外，JC表
示「女子中学生」，意为"初中女生"；JD表示「女子大
学生」，意为"大学女生"；DC表示「男子中学生」，意
为"初中男生"；DK表示「男子高校生」，意为"高中男
生"。

「最上級ではないが、なかなか」という意味で、褒め言
葉として使う。

意为"虽不是最厉害的，但已经相当了不起了"。一种表扬
的语言。

美奈：ね、あたしのお弁当、どうだった？

　　　我做的便当怎么样?

翔太：うーん、フツーにうまかったよ。

　　　嗯~还不错。

美奈：もぉっ、MK5！ちゃんと褒めてよ！

　　　给你5秒钟时间，好好夸一夸。

翔太：激うま！神うめぇ！マキシマムうまーい！

　　　超好吃! 太牛了! 史上最好吃的!

美奈：よし、合格。

　　　好了，合格!

MK5：マジきれる5秒前。（不愉快な出来事や我慢ならない状況に対して）怒りが一気にふくれあがっていくこと。他にも、MB5は「マジぶっとばす5秒前」という意味。

倒数5秒。（对不愉快的事和无法忍受的状况）怒气瞬间爆发。此外，MB5是「マジぶっとばす5秒前」的缩写。

マキシマム：(言葉の前につけて) 状態や評価が非常に高いレベルであることを表す。タレントの櫻井翔さんが考案して広まっていったといわれる。

（说话前使用的）表示状态和评价非常高的水平。演员樱井翔使用后开始流传。

CC

「Chou Cawaii 超かわいい」。他、CK「Chou Kimoi 超きもい」

全称为「Chou Cawaii 超かわいい」，意为"超级可爱"；CK表示「Chou Kimoi 超きもい」，意为"超级恶心"。

FK

「Fande Koi ファンデ（ファンデーション）濃い」ファンデーションを厚塗りしている。また、その結果、ムラになっている様子。

全称为「Fande Koi ファンデ（ファンデーション）濃い」。表示"粉底涂得很厚"。另外，也指涂得不均匀。

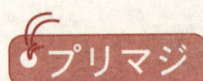

プリマジ

「プリクラ（プリントクラブの略）」＋「マジック」。実物より綺麗に写っていたり、かわいく写っているプリクラ。またはプリクラで実物より綺麗に写ることを意味す

る。プリクラの機種によっては発光が強く、色白に写ったり、肌が綺麗に写るものがある。そういったプリクラで実物より綺麗に、かわいく写ったものをプリマジという。

「プリントクラブ」（大头贴）的简称「プリクラ」＋表示“魔术、戏法”的「マジック」。表示比本人照得更漂亮、更可爱的大头贴。或者是在大头贴中比本人照得更美丽。大头贴的种类不同，有带强光的，让肌肤发白的，皮肤好的。这样的大头贴比起本人更漂亮更可爱的，叫做「プリマジ」。

肌の曲がり角

20〜30歳を過ぎるころから細胞の新陳代謝はどんどん鈍り始め、皮脂膜の形成や皮膚の各種機能が低下してくる。そのように肌の老化が始まりハリやツヤがなくなること、またその時期。

过了20多岁，身体内的细胞新陈代谢就会迅速老化，皮脂膜的形成以及皮肤的各项机能就会下降。如此一来，皮肤就会迅速老化。也指这一时期。

クーポン

一般に、商品やサービスと引き換えることのできる回数券、景品券、優待券、配給券、利札を指す。

一般是指兑换商品和服务的副票、赠品券、优惠券、限量券、利息券等。

そしたら

そうしたら、それなら。

同「そうしたら」「それなら」。意为“那么”。

ドン引き

誰かの発言や行動により、それまで盛り上がっていた場の空気が悪くなったり、とたんにしらけてしまうこと。またはそういった状態をいう。

某个人的发言和行为使一直以来良好的气氛破坏了。瞬间很扫兴。也指这样的状态。

KB

「空気ぶち壊し」他、KY「空気読めない」、KYB「空気読めないバカ」、YK「読め、空気を」、BY「場が読めない」、BKK「場の空気を壊す」など関連する意味のKY語は多い。

全称为「空気ぶち壊し」，意为"破坏气氛"。除此之外还有KY表示「空気読めない」，意为"不识时务"；KYB表示「空気読めないバカ」，意为"不识时务的蠢货"；YK表示「読め、空気を」，意为"识趣点吧"；BY表示「場が読めない」，意为"不分场合"；BKK表示「場の空気を壊す」，意为"破坏气氛"等很多KY相关的缩略语。

アゲアゲ

テンションがあがっている状態のこと。他それに関連してカラアゲ「空元気だけど、テンションを上げるさま。」「カラオケに行って、テンションを上げるさま。」がある。

表示紧张的状态。其他相关的还有「カラアゲ」。表示"虚张声势制造紧张空气"；"去唱歌，使气氛高涨"。

TD

「テンションダウン」の略語。気持ちの張りや高揚感が、何かのきっかけで低下したり、失せること。

「テンションダウン」的简称。表示气氛降温。激情因某种原因瞬间低落、失落。

15

恋バナの続きは明日にしよう！
恋爱话题明天继续吧！

うーん、お腹いっぱいになったら寝られるよ。適当に飲んで食べて寝ちゃいな

そんな簡単に言わないでよ。マジ雷なんだから。ねぇ、美奈はあたしのDSYだよね

（場面：深夜に電話でおしゃべりしている）

（场景：夜里煲电话粥）

美奈：どうしたの？こんな夜中に。ただのHD？

美奈：怎么了？这么晚了还打电话，只是随便聊聊？

結衣：えへっ、違うよ。

结衣：啊？不是啊。

美奈：こっちはもうベッドナウよぉ。周りも寝てんじゃない？

美奈：我已经躺下了。大家都睡了吧？

結衣：こっちも布団ん中だよ。今日バイトでDTN〜、なのに眠らんないのっ！

结衣：我也钻被窝了。今天打工累了正困着呢～，但就是睡不着！

美奈：うーん、お腹いっぱいになったら寝られるよ。適当に飲んで食べて寝ちゃいな。

美奈：嗯，好好吃一顿就睡着了。痛快地喝一顿吃一顿睡一觉吧。

結衣：そんな簡単に言わないでよ。マジ電なんだから。ねぇ、美奈は、あたしのDSYだよね。

结衣：别说得那么轻松。这可是讲正事儿的电话啊。喂，美奈，你是我最好的朋友，对吧？

美奈：まぁ、そうだけど。それが何？

美奈：是啊。怎么了？

結衣：MKとやり直そうかなーって。

结衣：我跟我前男友说想合好。

美奈：え？KMって言ってたじゃん。1年経ってKH？

美奈：嗯？不是说过不想见他了吗？过了一年了还想着他呢啊？

126

結衣：うん、ちょっと。絶対DIよぉ。彼（かれ）ね、この1年でめっちゃ変（か）わったの。

結衣：嗯，有点。绝对保密哦。他啊，这一年变化可大了。

美奈：へえ、GMMで運命（うんめい）感（かん）じたわけ？

美奈：嗯? 就是说偶遇咯? 命中注定你们要合好吗?

結衣：そんなとこかな。だってさRK！マジやばーい。

結衣：也许是吧。话说回来啊，他可真是帅啊! 太有魅力了!

美奈：ダウン、ダウン、興奮（こうふん）しない、興奮（こうふん）しない。もうこっちも眠（ねむ）いからさ。じゃあ、KBの続（つづ）きは明日（あした）。

美奈：冷静，冷静。别激动，别激动。我这边都睡了。好啦，恋爱话题明天再继续吧。

結衣：ごめん、了解（りょうかい）。明日（あした）OMする。

結衣：不好意思，知道了。明天一早发早安邮件。

美奈：うん、読（よ）まずに即（そく）AMって返（かえ）すから。

美奈：嗯，我不看就给你回复"以后再说吧"。

結衣：ひどーっ。話聞（はなしき）いてよぉ。

結衣：真过分，你听听嘛!

美奈：ははー、冗談（じょうだん）。ちゃんとつきあうってば。ランチはゴチしてね！

美奈：哈哈哈，开玩笑啦。好好交往吧。中午你请客!

潮爆地带
劲爆秀出流行口语

HD 「ひまだから電話（でんわ）する」。することがないとき目的（もくてき）もなく電話（でんわ）をかけること。

全称为「ひまだから電話する」。意为"有空所以打电话"。指没什么事时打打电话。

ナウ

現在の所在地や状態、行動を表現する言葉。「〜中」にあたるもので、英語で「今」を意味する「now」からきている。

表示现在所处的位置、状态以及现在所做的事。相当于"……中"，源于英语中表示现在的"now"。

蒼　：お前、今どこだよ。

你现在在哪儿呢。

翔太：渋谷ナウだぜ。ナンパナウ！

现在涩谷。正搭讪呢！

蒼　：よし、がっつり撃沈してこいよ！

好的！你就等着吃个败仗回来吧！

翔太：いーやっ、今日はゲトれる予感するんだよ。

不是，我有预感，今天能得手。

蒼　：お前のそれ、何度も聞いたけどな。

这话我听你说好几遍了。

がっつり：たっぷり、しっかり、十分、思いきり、思う存分という意味で、「がっつり食べる」「がっつり稼ぐ」といった使い方をする。

相当于「たっぷり」「しっかり」「十分」「思いきり」「思う存分」。意为"痛痛快快地、充分地"。「がっつり食べる」意为"好好吃一顿"「がっつり稼ぐ」意为"拼命赚钱"。

ゲトる：「得る・取る・とらえる」という意味の英語「get」に接尾語「する」をつけた俗語「ゲットする」がさらに略されたもの。ゲットする同様、欲しいものを手に入れることを意味する。また、同様に好きな異性の心を射止めることやナンパで異性を口説き落とすという意味でも使われる。

相当于「得る・取る・とらえる」，来源于英语中的"get"后接表示动作的「する」。而后将「ゲットする」缩略而成。与「ゲットする」相同，表示将想要的东西弄到手。另外，也表示俘获抱有好感的异性的心，或在搭讪中赢得对方的认可之意。

DTN

「だるい、つらい、ねむい」。

全称为「だるい、つらい、ねむい」。意为"慵懒""痛苦""发困"。

マジ電

悩み相談や真剣な内容の電話。

倾诉烦恼或讲正事儿的电话。

DSY

「大親友」。

全称为「大親友」。意为"好朋友"。

MK

「元彼」。以前つきあっていた彼氏。他、同じMKで「ムード壊す」という意味で使われることもある。

全称为「元彼」。意为"前男友"。此外，还表示「ムード壊す」，意为"破坏气氛"。

KM

「顔_{かお}も見_みたくない」。

全称为「顔も見たくない」。意为"不想见面"。

KH

「気持_{きも}ち引_ひきずってる」。

全称为「気持ち引きずってる」。多表示"分手后还思念着对方"。

DI

「誰_{だれ}にも言_いわないで」。

全称为「誰にも言わないで」。意为"对谁都不要说"。

めっちゃ

「めちゃ」が変化_{へんか}した語_ご。程度_{ていど}がはなはだしいさま。非常_{ひじょう}に。たいへん。

由「めちゃ」演变而来。表示非一般的程度。意为"非常、很"。

GMM

「偶然街_{ぐうぜんまち}で会_あった元彼_{もとかれ}」。予期_{よき}せずに以前付_{いぜんつ}き合_あっていた男性_{だんせい}に出会_{であ}い、運命的_{うんめいてき}に恋愛_{れんあい}が進展_{しんてん}していくというニュアンスがある。

全称为「偶然街で会った元彼」。表示在街上与前男友偶遇。似乎命中注定一般，暗含恋情可以继续发展。

RK

「リアルにかっこいい」。リアルに（＝実際_{じっさい}に、本当_{ほんとう}に）かっこいいということ。

全称为「リアルにかっこいい」。意为"特别帅"。

やばい

①危険_{きけん}や不都合_{ふつごう}な状況_{じょうきょう}が予測_{よそく}されるさま。あぶない。
②怪_{あや}しい、格好悪_{かっこうわる}い。

③凄い、のめり込みそうなくらい魅力的。

ここの本文会話では③の意味で使われている。

①预测到危险和不好的情况，相当于「あぶない」，意为"危险"。

②奇不好的，拙劣的。

③厉害的，好极了，让人迷恋的魅力。

本文会话中为第三个意思。

KB

「恋バナ」。「バナ」は話の略で、恋愛の話という意味。

全称为「恋バナ」。「バナ」是「話」的缩略语。意为"恋爱话题"。

結衣：今晩、オールでKB語り合わない？

今晚通宵聊聊恋爱话题怎么样?

美奈：賛成〜。恋バナトークで盛り上がろっ！

同意。让恋爱话题使气氛高涨吧!

オール：「all ○○」という英熟語の略として様々な意味で使われるが、最も頻度が高いのは「all night」の略で「一晩中・夜通し」という意味。

「all ○○」的英文缩略语，有多层意思。出现频率最高的词是「all night」的缩略语，表示整晚、通宵。

OM

「おはようメール」。おはようの挨拶のメールのこと。

全称为「おはようメール」。意为"问候早安的邮件"。

AM

「後でまたね」。

全称为「後でまたね」。意为"以后再说"。

秀潮流日语你不得不知的那些事儿

1. 什么是"KY语"与"KY式日语"？

2. 日语中的「かよ」怎么用？

3. 日语中的数字语言有哪些？

4. 日语中哪些语言已成为"死语"？

什么是 "KY语" 与 "KY式日语"

「KY語」ならびに「KY式日本語」は、日本語の文章を略して各単語の先頭のローマ字・数字を組み合わせた略語群です。その代表格が「KY」（＝空気読めない・空気読めてない）で、この語源になっています。

日本において、文や節の各単語の先頭のローマ字を組み合わせて略語にすることはコギャルと呼ばれていた10～20代女性で広まり、現在は若者を中心にメールなどのネットワークを媒体として日常的に生み出されています。この現象は「KY語」として1990年代中頃に注目され、日本の若者言葉の一種として認知されてきました。ただ、このように略語にすること

"KY语"又称"KY式日语"，是省略日语的文章，将各单词中的首个罗马字或数字组合而成的略语群。其代表语言为"KY"，由「空気読めない・空気読めてない」演变而来，意为"不识时务"。

在日本，将文章或句子中各单词的首个罗马字组合而成的略语主要在十几岁至二十几岁的小女孩中普遍使用。现在通过以年轻人为中心的邮件（短信）等网络媒体出现在日常生活中。这种现象作为"KY"语在上世纪90年代中期开始受到关注，作为一种日本年轻人用语获得认可。只是，这种略语并不是近几年才出现的。拿身边的例子来说，"NHK"即日本广播协会的简

は最近のことではないのです。身近な例でいえば、「ＮＨＫ」（＝日本放送協会）が挙げられます。定義からみれば、「ＮＨＫ」もＫＹ語の一種だといえなくないでしょう。

そういえば、中国でも若者（特に1990年後世代）に同様の現象がありますね。ＭＭは「妹妹」で女子や彼女の意味、ＧＧは「哥哥」で男子や彼氏、ＰＬは「漂亮」で美しいなどがあります。

ただ、なんでもそうなのですが、良い面と悪い面があるので注意しなければなりません。「ＫＹ語」は記号的で便利、新鮮でシンプル、仲間意識が出る、言葉遊びとしておもしろい等の利点がある一方で、細やかな配慮表現、言葉の深みに欠ける、一部の人にしか伝わりにくい等の問題が挙げられます。若者言葉全般にいえますが、使用については親しい仲間範囲にとどめ、ほどほどに節度を持って楽しむようにしましょう。

称，从定义来看，不得不说"NHK"也为KY语的一种。

如此说来，中国的年轻人（特别是90后）中也有同样的现象。MM为"妹妹"的谐音，表示"女子"或"女朋友"，GG表示"哥哥"，意为"男子"或"男朋友"。PL表示"漂亮"，等等。

请注意任何事物都有两面性，有好的一面也有不好的一面。"KY语"作为一种符号使用便利、鲜活、简单，产生一种朋友意识，作为一种语言游戏很有趣。另一方面，不足之处表现为语言缺乏细微的关怀、达不到语言的深度、仅限一部分人使用等。总体来说，年轻人用语大多如此。年轻人用语只用于亲密的伙伴之间，请有限度地使用吧。

❷ 日语中的「かよ」怎么用?

「～かよ」は、もともと東京 周
縁部で使用されていた少々ぞんざいな
言い方です。以前は、女性は使わず男
性だけが用いていました。助詞「～か
い」(「かい」は現在はあまり使われ
ず、使われるのは年長者が年少者に
対する場合に限ります。また一般的に
女性は使いません。)というのと同じ
意味で、①疑問を表す時、②確認を表
す時、③相手をちょっとからかうよう
に突っ込みを入れる時に使います。ぞ
んざいな感じなので、男同士の親しい
間柄などしか使われていませんが、
男っぽい女性、お笑い芸人の男女とも
に突っ込みを入れるときに使っていま
す。お笑い番組では、「～かよ」の突っ
込みをよく耳にできますよ。

「～かよ」原本是东京周边地区
使用的有些粗俗的语言。过去,女性并
不使用,只是男性用语。与助词「～か
い」(「かい」现在不常使用,仅限年
长者对年少者使用的场合,另外,一般
女性很少使用)意思相同,主要用法:
①表示疑问。②表示确认。③表示嘲
讽对方时说的语言。语感粗鲁,所以仅
限男性亲密的关系间使用。像男性的女
性以及搞笑艺人(不分男女)都可以使
用。搞笑节目中,经常会听到逗哏说
「～かよ」。

例1:

山田：お前さぁ、彼女変えたって聞いたけど、ホントかよ。

中島：いや、同じだよ。整形したんだよ。

山田：げーっ、マジかよ！

山田：听说你换女朋友了，是真的吗？

中島：没有，是同一个，整形了。

山田：啊？真的假的？

例2:

山田：なんか食うもんない？

中島：あるある、ミーちゃんが残したご飯。

山田：猫の残りものかよ！食えるか、そんなもの！

中島：そうだよな、お前もプライドあるよな、犬としての。

山田：人間だよ、人間！猫でも犬でもねぇーよ！

山田：有什么吃的吗？

中島：有，有，有猫咪剩的饭。

山田：猫吃剩的！能吃吗？

中島：是啊，你也有自尊心啊，狗狗的自尊心！

山田：人的！人的！不是猫的也不是狗的！

日语中的数字语言有哪些?

語呂合わせとは、文字を他の文字に換え縁起担ぎを行うものや、数字列の各々の数字や記号に連想される・読める音を当てはめ、意味が読み取れる単語や文章に置き換えることを指し、電話番号やパスワードなど元の数字列が意味する事象を暗記する場合にも使われています。ここでは、数字を言葉に置き換えた数字言葉・数字語を見てみましょう。

ご存知のように中国にもたくさんあります。886⇒拜拜喽、9494⇒就是就是、520⇒我爱你、55555⇒鸣鸣(哭泣声)、8147⇒不要生气等。

日本でもそのような言葉遊びが大好きで、昔から暗記等に活用されています。例えば、歴史の年号。鎌倉幕府

所谓谐音,是指将某个文字与其他文字,或利用一串数字中的各个数字与符号的联想、读音,替换意思相同的单词与文章,也用于背诵电话号码或密码等数字的场合。这里,我们来看看将数字替换为语言的数字词汇与数字语吧。

如大家所知,在中国也有很多种。例如:886=拜拜喽,9494=就是就是,520=我爱你,55555=鸣鸣(哭泣声),8147=不要生气,等等。

在日本,也非常喜欢这类语言游戏,所以从过去就用于背诵中。例如,历史年号。镰仓幕府成立的1192年,把

成立の1192年は1192を「いいくに」に読み替え「いい国作ろう鎌倉幕府」と覚えます。また身近なところでは、月日の語呂合わせで記念日が数多く作られています。毎月15日⇒苺の日、2月9日あるいは毎月29日⇒肉の日、毎月26日⇒風呂の日、7月10日⇒納豆の日…。但し、以下から挙げるチャットやメールで主に使う数字言葉は若者限定使用になっています。その使用はポケベル時代が全盛で、現在はゲームやクイズ、おもしろ感覚でごくわずかに使われている程度です(人気アニメ「名探偵コナン」では、犯人探しの推理の暗号として使われたことがあります)。

さて、クイズ感覚で次の数字言葉の意味を考えて見ましょう。

① 「手伝ってくれて39。」
② 「これからも4649。」
③ 「お仕事5963。」

どうですか?できましたか?
さらに、読みだけでなく文字の形(アルファベットのO→0、アルファベットのI→1)から取り入れたり、英語の

1192读成"いいくに"，意思是"镰仓幕府创建了美好的国家"。另外，身边也有很多将日月押韵的纪念日。每月15日为いちごのひ（草莓日）；2月9日或每月29日为にくのひ（食肉日）；每月26日为ふろのひ（洗浴日）；7月10日为なっとうのひ（纳豆日）等。但是，以下所举的聊天和邮件中主要使用的数字语言仅限于年轻人中使用。这种语言在传呼机时代盛行，现在只是在游戏、猜谜等有趣的游戏中少量使用（人气动画片《名侦探柯南》中搜寻犯人时作为推理暗号使用）。

那么，请大家凭着猜谜的感觉想想下面数字语言的意思吧。

④ 「宿題に4989だよ~。」
⑤ 「889帰ってね!」

怎么样，猜到了吗?

不仅从读音上，还要从文字的形状（阿拉伯字母O→0、阿拉伯字母I→1）上猜想，也要采用英语的读

読みを採用したり、「6」をその形から「る」とする数字言葉もあります。

例1： 0906⇒遅れる

最初の数字「0」はアルファベット「O（オー）」で「オ」に略して読みます。

例2： 14106⇒愛してる

最初の数字「1」はアルファベット「I」で「アイ」と読み。4は「シ」さらに、10は英語読みの「テン」で、「テ」に省略します。

ちょっと難しいですが、次の数字言葉の意味、解読できますか？

音，也有把数字"6"的形态看作假名"る"的数字语言。

0906⇒遅れる

把第一个数字"0"看作是阿拉伯字母"O"，"O"读作"オー"，简略读为"オ"。

14106⇒愛してる

第一个数字"1"看作字母"I"读作「アイ」。"4"读作「シ」，"10"在英语中读作「テン」，略读为「テ」。

有点难度吧？以下数字语言的意思，您能够解读吗？

⑥0840⇒（　　）⑦093⇒（　　）⑧0833⇒（　　）⑨724106⇒（　　）

答案：

① 手伝ってくれてサンキュー。

② これからもよろしく。

③ お仕事ご苦労さん。

④ 宿題に四苦八苦だよ。

⑤ 早く帰ってね。

⑥ おはよう。

⑦ 奥さん。

⑧ おやすみ。

⑨ なにしてる？

①谢谢帮忙。

②今后多多关照。

③工作辛苦啦。

④作业辛苦啦。

⑤早点回来哦。

⑥早上好。

⑦您夫人。

⑧晚安。

⑨做什么呢？

日语中哪些语言已成为"死语"？

「かつて一世を風靡した言葉、最新流行に敏感な若者がもう古いと感じて使わなくなった言葉」⇒「死語」と言われます。ただ「死語」といっても100％その存在がなくなったわけではありません。わざとおどけたりおもしろがって使ったり、人によってはつい口から出てしまうこともあるようです。またその言葉を聞いてひいたり寒いと感じる人もいますが、全く抵抗なく思う人もいます。

2009年に行われたgooランキング「今でもつい使ってしまう死語ランキング」を紹介しましょう。

1位：嘘ピョーン／嘘ピョン（＝嘘だよ）

"死语"是指过去曾风靡一时的语言，已被追逐潮流的年轻人认为老旧而不再使用的语言。但虽说是"死语"，也并不是完全消失了。在表演滑稽或幽默时使用，也有人会无意间脱口而出。不过，听了那样的语言有人会感觉很冷，也有人对此毫无免疫力。

下面介绍一下2009年goo榜的"现在也会不经意间说出的死语排行榜"。

第一位：说谎。

2位：だいじょうブイ（＝大丈夫 だ。これを言いながらＶサイ ンをすることもある）

第二位：没关系（边说边摆出Ｖ 型手势）。

3位：ガビーン（＝ガーン。びっ くりしたとき、ショックを 受けたときに使う）

第三位：精神上受到强烈打击 （受到惊吓时使用）。

4位：余裕のよっちゃん（＝余裕 だよ）

第四位：富余呢。

5位：そんなバナナ（＝そんなバ カな）

第五位：那是不可能有的事。

6位：バイビー（＝バイバイ）

第六位：再见。

7位：ギャフン（＝やり込められ て一言も言い返せないさ ま）

第七位：做事投入，一句话也不 回应。

8位：アウト・オブ・眼中（＝眼 中にない。問題外。論外）

第八位：不放在眼里，问题以 外，题外。

9位：チョンマゲ（＝許してくだ さい）

第九位：请原谅。

10位：めんご（＝ごめん）

第十位：对不起。

その他、つい、うっかりにも口に できない「死語」があります。

例えば、「うれピー（＝うれし い）」、「かなピー（＝かなしい）」 など「のりピー語」です。「死語」を 通り越して「タブー語」になっている

除此之外，还有不经意也不会说 出口的"死语"。

例如：「うれピー（＝うれし い）」「かなピー（＝かなしい）」等 「のりピー语言」。超越"死语"成为 "禁语"。

感じです。

　現在「死語」といわれている言葉が、将来も「死語」であり続けるかどうかは分かりません。ファッションの流行現象と同じように、またいつか新鮮さが出てきてリバイバルするかもしれませんね。

　現在所说的"死语"不知将来是否依然是"死语"，如同一种时尚，也许什么时候会再度流行起来。